Håkan Nesser

Dödens och suckarnas stad
Ett stillsamt litet mord
Ormblomman

Drei Krimis in einer Bearbeitung
von Johan Werkmäster

GROA
VERLAG

Der Verlag bedankt sich bei Laura Mendez Edkvist vom LL-förlaget, Stockholm, für die freundliche Unterstützung und die Erlaubnis zum Abdruck der Texte.

Dödens och suckarnas stad
© 2010 Håkan Nesser, Johan Werkmäster und LL-förlaget

Ett stillsamt litet mord
© 2010 Håkan Nesser, Johan Werkmäster und LL-förlaget

Ormblomman
© 1999 Håkan Nesser, Johan Werkmäster und LL-förlaget

➜ Erfahren Sie mehr über die Lättläst-Bearbeitung auf www.groa.de.

1. Auflage 2011

© 2011 dieser Ausgabe GROA Verlagsgesellschaft mbH, Plön

Umschlag:	Stefan Guttke
Umschlagfoto:	© Vladimir Sklyarov - Fotolia.com
Druck:	ScandinavianBook

Printed in Germany - ISBN 978-3-933119-65-0

Besuchen Sie uns im Internet auf **www.groa.de**.
Unsere E-Mail-Adresse lautet **kundenservice@groa.de**.

Innehåll

Dödens och suckarnas stad

1

Jag reste till Venedig för att skriva en novell.
Tillsammans med min fru kom jag dit sent
en eftermiddag i mars.
Det var mulet och blåsigt.
Min fru arbetar som fotograf på en tidning,
men hon hade tagit ledigt en vecka
från jobbet för att följa med till Italien.

Jag är författare, i snart trettio år har jag
skrivit böcker, men under det senaste året
hade jag haft svårt att skriva.
Flera gånger försökte jag komma igång
med en roman, men det gick inte.
Jag kom helt enkelt inte på något bra
att skriva om. Kanske skulle det
gå bättre i Dödens och suckarnas stad.
Venedig brukar kallas så.
I Dödens och suckarnas stad borde jag
åtminstone kunna skriva en novell.

Vi kom fram till Hotel Bonvecchiati
och gick in i receptionen, en stor elegant hall
där gästerna togs emot. Bakom en lång disk
stod en man, portieren, som nickade åt oss.

7

Det var han som skulle ge oss nycklarna.

– Mitt namn är herr Zorza, jag har beställt
ett dubbelrum, förklarade jag för portieren.

Jag fick nycklarna till rum nummer 322,
som låg på tredje våningen med fin utsikt
över två av stadens många kanaler.
På vattnet gled några gondoler förbi,
de långsmala båtarna
som är så typiska för Venedig.
På en bro nedanför vårt hotellrumsfönster
stod två svarta män och försökte sälja väskor
till turister som var ute och promenerade.

När min fru och jag hade duschat
gick vi till en liten restaurang
i en av gränderna i närheten.
Vi var mycket hungriga.

– Har du fått några idéer? frågade min fru
när vi satt där och väntade på maten.
Vet du vad du ska skriva om?

– Nej, inte än, svarade jag.
Vi har precis kommit hit.
I morgon ska jag börja fundera på novellen.
Jag har ju hela veckan på mig.

Vi åt frukost tidigt. Klockan var kvart
över sju. Min fru ville ut och fotografera
innan alltför många turister
började strosa omkring på gator och torg.
Vi var nästan ensamma i hotellets matsal.
Det var bara vi och ett annat par,
en man och en kvinna.

Mannen såg ut att vara i 50-årsåldern.
Han var klädd i ljus kostym och slips.
Kvinnan var betydligt yngre, inte just äldre
än 20 år. Hon var mycket vacker
i sin röda klänning. De talade amerikanska
med varandra, men jag satt för långt ifrån
för att riktigt kunna höra vad de pratade om.

– Det där är nog en amerikansk affärsman
och hans dotter, sade jag till min fru.

– Det tror jag inte alls, svarade hon och log.
Jag är säker på att flickan är hans älskarinna.

I nästa stund såg jag att mannen sträckte ut
sin hand och smekte kvinnans lår.
Min fru hade förstås rätt.
På det där sättet skulle en man
aldrig smeka en dotter,
däremot sin älskarinna.

9

***

En timme senare hade min fru gett sig ut
i staden för att fotografera. Jag satt
i vårt hotellrum med en anteckningsbok
och försökte skriva, men det gick trögt.
Redan efter tio minuter gav jag upp.
Jag bestämde mig
för att ta en promenad i stället.

Nere i receptionen fick jag syn på
det amerikanska paret. Mannen stod
vid disken och pratade med portieren.
Den unga kvinnan satt i en gul soffa.
På en hylla ovanför soffan stod en jättelik vas
med blommor i. Plötsligt tippade den tunga,
otympliga vasen framåt och föll ner i soffan
alldeles bredvid henne.
Den landade med en kraftig duns
bara några centimeter från kvinnan.

Hon gav till ett skrik och reste sig hastigt.
Både jag och hennes man skyndade fram.
Strax därpå var också portieren där. Han svor
på italienska och bad om ursäkt på engelska.
Kvinnan kunde ha råkat ordentligt illa ut,
men ingen större skada var skedd.

10

Hon hade rest sig så snabbt
att hon inte ens blev blöt.
Glasvasen var hel eftersom den landat
i den mjuka soffan. Till och med blommorna
tycktes ha klarat sig bra. Det hade blivit
en mörk fläck i soffan, men kanske skulle den
försvinna när vattnet torkade upp.

Efter en stund gick mannen och portieren
tillbaka till disken och fortsatte sitt samtal.

– Där hade ni tur, sade jag till kvinnan.
Den tunga vasen kunde ha dödat er
om ni hade fått den i huvudet. Ni var
kanske bara några centimeter från döden.

– Jag står närmare döden än ni kan ana,
svarade hon och log.

Sedan vände hon sig om
och gick bort till mannen.

2

Det dröjde två dagar innan jag såg
det amerikanska paret igen.
Jag promenerade mycket och länge
genom Venedigs gränder, ibland ensam,
ibland tillsammans med min fru.
Då och då satte jag mig på ett kafé
och försökte skriva.
Det gick fortfarande trögt, men till sist
lyckades jag i alla fall få ihop några sidor,
en inledning till en novell.

Kroppen av den döda amerikanskan kom långsamt
flytande längs kanalen, löd den första meningen.
En man, som är författare, får syn på
den nakna kroppen från sitt fönster
på Hotel Bonvecchiati. Han känner igen
den döda kvinnan. Han vet att hon har bott
på samma hotell tillsammans med sin man.

Jag hade svårt att avgöra om det var
en bra inledning på en berättelse.
Kanske, kanske inte.

***

12

På tisdagskvällen gick jag
och min fru på konsert i en kyrka.
En liten orkester spelade klassisk musik
av italienska kompositörer.
Vi var ett par hundra personer
som hade samlats i den vackra kyrkan.

Två rader framför mig och min fru
satt det amerikanska paret.
Jag kunde se dem tydligt.
Medan de lyssnade på musiken
tittade de på varandra hela tiden.
Allvarligt stirrade de in
i varandras ögon, utan att le.
Det såg underligt ut,
och jag kom att tänka på orden
som den unga kvinnan sagt till mig
för några dagar sedan:

Jag står närmare döden än ni kan ana.

Min fru hade också lagt märke till
amerikanernas märkliga beteende.

– Det står inte rätt till med det där paret,
viskade hon till mig när det blev
en kort paus i musiken. Det är något
som är alldeles galet med de där två.

När konserten var slut stötte vi ihop
med det amerikanska paret utanför kyrkan.
Vi presenterades oss för varandra.
Mannen hette Robert Hemmelwaite,
flickans namn var Patricia. Hon sade inte
vad hon hette i efternamn.
Eftersom vi bodde på samma hotell
bestämde vi oss för att göra sällskap.

Det regnade lätt och vi var nästan ensamma
på de smala gatorna. Knappt en människa,
bara några frusna duvor syntes till.
Kanalerna var mörka och stilla.
Båttrafiken hade upphört för dagen.

Efter en stund hade vi gått vilse i virrvarret
av gränder. Vi befann oss på ett litet torg
med en restaurang som fortfarande
var öppen. Robert Hemmelwaite föreslog
att vi skulle gå in och dela en flaska vin.

Vi fick ett bord i ett hörn av restaurangen.
Vi höjde våra vinglas och skålade,
men sedan blev det tyst några sekunder.
Ingen kom på något vettigt att säga.

– Min man är författare,
sade min fru plötsligt.

Hon vet att jag inte tycker om
att hon nämner det, men hon berättar det
ändå för alla människor.
Och visst brukar folk bli intresserade.

– Författare? sade Robert Hemmelwaite
förvånat. Ja, om det är på det viset
så kan jag lova, att jag och Patricia
har en intressant historia att berätta.

– Jag och Patricia älskar varandra,
började Robert Hemmelwaite.

– Så utmärkt, sade min hustru och log.

– Vi älskar varandra och ska begå självmord
tillsammans, fortsatte han.

– Självmord? Vad i helvete menar du
med det? frågade jag bryskt.

Han svarade inte. Det gjorde istället Patricia.

– Ja, det som Robert säger är verkligen sant,
sade hon. Vi har kommit till Venedig
för att möta döden.
Vi tror att Dödens och suckarnas stad
är den rätta platsen för självmord.

Jag drack en stor klunk vin
och tände en cigarrett.

– Och vad är det som har fått er att fatta
ett så allvarligt beslut? frågade min hustru.

Det amerikanska paret tittade på varandra.
Sedan började Robert berätta deras historia.

***

Robert Hemmelwaite kom från en mycket rik
familj i Texas. Han var 48 år gammal och gift
med en kvinna som hette Laura.
De hade tre barn, två vuxna döttrar
som hade flyttat hemifrån,
och en 17-årig son som fortfarande
bodde hemma hos föräldrarna.

Robert älskade sin familj, men för lite mer
än ett år sedan hade han börjat känna
att något fattades i hans liv,
han visste inte vad. Han var framgångsrik
i sitt yrke och tjänade mer pengar
än han kunde göra av med. Han var frisk
och gift med en kvinna, som varje dag
viskade i hans öra att hon älskade honom.
Barnen var väluppfostrade och duktiga,
de missbrukade varken alkohol eller droger,
i alla fall inte så vitt Robert kände till.

Han borde vara nöjd med livet,
men plötsligt kändes allt
tomt och meningslöst.

17

Robert började få svårt att sova på nätterna.
Han gick upp tidigt på morgnarna och tog
långa promenader, samtidigt som han
funderade på vad som egentligen
var meningen med livet.
På vilket sätt borde han leva?
Han kände sig allt mer sorgsen och dyster.
Efter några veckor gick Robert
till en läkare, en psykiater
som sjukskrev honom i sex månader.

Han berättade varken för hustrun
eller barnen att han var sjukskriven.
Han påstod att han ville unna sig
ett halvårs ledighet från jobbet.
Han hade inte haft en riktig semester
på många år. Det fanns andra
som kunde sköta firman, medan han själv
tog det lugnt och vilade upp sig.

För första gången på många år
hade Robert tid att läsa böcker.
Han läste massor av böcker, mest klassiska
kärleksromaner av europeiska författare.

Redan efter några dagar mådde han bättre.
Han levde sig in i romanernas värld.
Där fanns häftiga passioner och förälskelser.

18

Den stora kärleken, de starka känslorna
som han längtade efter och saknade
i sitt eget liv.

Robert Hemmelwaite tystnade
och gjorde en paus i berättelsen.
Vi drack lite vin. En servitör kom fram
till oss och ställde två skålar
med jordnötter och oliver på bordet.
Jag tände en till cigarrett. Sedan fortsatte
herr Hemmelwaite sin historia.

***

För knappt ett år sedan, i mitten av april,
skulle Roberts äldsta dotter Liza gifta sig.
Hon var 24 år och hennes blivande man,
Douglas, var lika gammal.
Mer än 200 personer var bjudna
på bröllopet och den efterföljande festen.
Det var just vid denna fest
som Robert Hemmelwaite för första gången
fick uppleva den sanna förälskelsen
och den äkta passionen.

Gästerna åt, drack och dansade hela kvällen
och natten. Många höll tal och det skålades
och hurrades för det lyckliga brudparet.

19

Klockan var över midnatt när brudens far,
det vill säga herr Hemmelwaite, bjöd upp
brudgummens yngre syster Patricia till dans.

Robert och Patricia dansade i flera timmar,
tätt tryckta mot varandra, men ingen
av de andra gästerna verkade tycka
att det var något konstigt med det.
Två dagar senare älskade de
för första gången. De låg med varandra
på ett hotellrum i utkanten
av staden San Antonio i södra Texas.

Robert var då 47 år och Patricia
skulle snart fylla 22. Trots åldersskillnaden
var de häftigt förälskade.
Patricia hade tidigare haft en del
psykiska problem. Precis som Robert
hade hon känt sig tom inombords och undrat
vad de var för mening med att leva.
Men nu var båda lyckliga.
Tillsammans hade de funnit kärleken,
den äkta passionen och meningen med livet.

– Ursäkta mig, jag behöver gå på toaletten,
sade min fru plötsligt
och reste sig från bordet.

Vinflaskan var urdrucken. *leergetrunken*
Medan vi väntade på att min hustru
skulle komma tillbaka,
frågade Robert Hemmelwaite
om vi skulle dela på en till flaska vin.

– Nej, jag tror inte det, svarade jag.
Vi har säkert druckit tillräckligt, *Sicher*
både jag och min fru.

21

4

Robert Hemmelwaite beställde ändå en till
flaska vin och forsatte sedan att berätta.

Han och Patricia träffades
under hela våren och sommaren.
De älskade på olika enkla hotellrum,
som de hyrde under falskt namn.
De första månaderna möttes de
en gång i veckan, men deras kärlek växte
och snart träffades de allt oftare.
De kunde inte vara ifrån varandra
mer än några dagar.

– Berätta om hur vi blev avslöjade,
sade Patricia.

Och det gjorde Robert.
Det hände en varm
och vacker kväll i oktober.
De skulle träffas i Hemmelwaites hem.
Roberts hustru Laura var bortrest
och det enda barnet som fortfarande
bodde hemma, sonen Jeffrey,
skulle sova över hos en kamrat.

Patricia kom vid sjutiden.
De åt en god och romantisk middag
och delade en flaska vin. Sedan klädde de
av sig och satte igång att älska
på den mjuka mattan mitt i vardagsrummet.
Just när de höll på som bäst,
steg Liza och Douglas in i rummet,
brudparet som vid den här tiden
hade varit gifta i drygt fem månader.
Det var alltså Roberts dotter
och Patricias bror.

Liza svimmade. Robert och Patricia klädde
snabbt på sig och lyckades sedan,
med hjälp av Douglas, få liv i Liza.
När hon vaknade stirrade hon först
sin far i ögonen, spottade därefter på Patricia
och svimmade sedan en gång till.
Efter att ha stängt in sin lillasyster
i ett annat rum klippte Douglas till
Robert med en sådan kraft
att hans näsa började blöda.

Någon timme senare hade alla lugnat ner sig
så pass mycket att de kunde prata
med varandra. Robert och Patricia erkände
att de var förälskade och att de hade träffats
sedan bröllopet.

23

Men de lovade att genast avbryta
förhållandet om Liza och Douglas
höll tyst om saken. Det var lätt
att komma överens om detta
eftersom ingen av dem ville
att det skulle bli skvaller och skandal.

Klockan var över två på natten när Liza
och Douglas tog med sig Patricia i bilen
och körde därifrån. Robert Hemmelwaite
var ensam kvar i sitt hem, ledsen
och förtvivlad.

***

Robert drack några djupa klunkar vin
innan han fortsatte att berätta.

Under de närmaste tre veckorna hade han
och Patricia ingen kontakt med varandra,
men snart stod de inte ut med
att vara skilda åt. Deras längtan och kärlek
var så stark att de måste få vara tillsammans.
De började åter träffas
på olika hotellrum runt om i Texas.
De lyckades hålla förhållandet hemligt
under hela vintern men i mars
den följande våren, blev de avslöjade igen.

24

Den här gången befann de sig på
ett hotellrum vid havet i staden Beaumont.
Just som de höll på att älska i den gnisslande
sängen stack en privatdetektiv in
ett brev under dörren.

Brevet var skrivet i förväg
av Roberts hustru Laura. Det var hon
som hade anlitat privatdetektiven,
som under flera veckor spionerat på dem.
Laura hade länge misstänkt att hennes man
var otrogen. Nu fick hon bevis.
Hon tänkte kontakta en advokat,
begära skilsmässa och göra allt
för att ruinera Robert Hemmelwaite.
Hon skulle förstöra både hans
och horungen Patricias liv.

Robert och Patricia satt på sängen
och läste brevet. De grät hela natten.
På morgonen bestämde de sig för
att begå gemensamt självmord.
De gick till banken och tog ut pengar.
Redan på kvällen satt de i ett flygplan
på väg till Europa.

Om de inte fick leva tillsammans
kunde de åtminstone få dö tillsammans.

25

De skulle dö i varandras armar i Venedig,
Dödens och suckarnas stad.

Robert Hemmelwaite avbröt sin berättelse
och fyllde på vin i våra glas.
Jag öppnade munnen för att säga något
och protestera mot deras planer på självmord.
Men jag sade ingenting.
Vad kunde jag och min fru egentligen göra?

5

På onsdagen tog min hustru tåget till Padua,
en stad några mil sydväst om Venedig.
Hon hade en väninna där, en svensk kvinna
som var gift med en italienare.

Innan hon reste åt vi frukost på hotellet
och pratade om det amerikanska paret.
Tänkte de verkligen begå självmord
tillsammans eller hade de hittat på alltihop?
Vi visste inte vad vi skulle tro.
De var i alla fall inte i matsalen.

– Kanske är de redan döda, sade jag.

Min fru ruskade på huvudet.
Det trodde hon inte.

– Jag är säker på att Robert Hemmelwaite
är en bedragare, sade hon. Han har lurat
Patricia på något sätt. Det står inte rätt till.
Jag tycker att du ska kontakta polisen.

– Vad skulle jag säga till polisen? undrade jag.
Det är väl inte brottsligt att ta livet av sig?

27

Etwas

falsch

– Någonting är i alla fall galet,
svarade min fru. Robert är dubbelt
så gammal som Patricia.
Vet du förresten att hon är gravid?

übrigens

schwanger

Det gjorde jag förstås inte.
Jag har aldrig förstått hur kvinnor kan märka
sådana saker. Patricia var fortfarande smal
om midjan. Om hon väntade barn

wennfalls

så syntes det i alla fall inte.

deutlich zu sehen sein

***

När min fru hade rest satt jag en stund
på hotellrummet och försökte komma på
en fortsättning på novellen, som jag
hade börjat skriva några dagar tidigare.

früher

Men jag kom ingen vart. Mest satt jag
och tittade ut genom fönstret

durch

på gondoler och andra båtar
som långsamt gled fram på kanalerna.

Molntäcket började spricka upp,

Utkanterna av

solen tittade fram, och jag bestämde mig
för att ta en promenad. Jag satte på mig
kavajen och gick ut. Efter ett par timmar
åt jag lunch på en restaurang
och fortsatte sedan att strosa runt i staden.

bummel

28

Plötsligt fick jag syn på Robert Hemmelwaite.
Han stod i en park utanför ett konstmuseum
med ryggen vänd mot mig.
Patricia syntes inte till. Var Robert
där ensam? Det verkade faktiskt så.
När han gick in i museet följde jag efter.
Han hade ännu inte sett mig.

Det var ganska mycket folk på museet
och jag lyckades verkligen hålla mig undan
utan att Robert Hemmelwaite upptäckte mig.
När jag efter en halvtimme lämnade museet
gick han fortfarande omkring därinne
och tittade på tavlor och skulpturer.

Av någon anledning var han där
utan Patricia. Jag tyckte det var konstigt.
Om de hade rest till Venedig för att dö
i varandras armar, så borde de väl tillbringa
sina sista timmar eller dagar tillsammans?
Varför var de skilda åt?
Var befann sig Patricia?
Jag hade en stark känsla av att någonting
var galet och bestämde mig
för att återvända till hotellet.

När jag kom in i hotellets reception gick jag
fram till disken och talade med portieren.

– Ursäkta, kan ni ringa och kolla
om herr Hemmelwaite eller hans fru
finns på sitt rum? frågade jag.

Att Robert inte befann sig där visste jag ju,
men kanske var Patricia inne.

Portieren slog numret och väntade
en halv minut, innan han lade på luren.

– Jag beklagar, ingen svarar, sade han.
Jag tror att båda två gick ut tidigt i morse.
Vill ni lämna ett meddelande?

– Nej, det behövs inte, svarade jag.

Jag bad om min nyckel och skulle
just gå därifrån men portieren hejdade mig.

– Ursäkta, är ni nära vän
med herr och fru Hemmelwaite? frågade han.

– Nej, egentligen inte, svarade jag. Hurså?

– Det var en man här i förmiddags
och sökte dem, förklarade portieren.
Mannen hade skinnjacka och hästsvans.
Han såg inte hederlig ut.

– Vad menar ni med det? frågade jag.

– Han såg skum ut helt enkelt,
svarade portieren.

Jag nickade men sade inget mer,
vände mig om och gick uppför trapporna.

När jag kom upp till hotellrummet
kände jag mig dyster och orolig.
En man, tänkte jag. Skinnjacka och hästsvans.
Inte hederlig? Skum?
Vad hade portieren menat?
Vem var denna man?

Jag öppnade en flaska vin, drack några glas,
lade mig på sängen och somnade.
Två timmar senare vaknade jag av ett skrik.
Det var mörkt i rummet
och jag kände mig yrvaken.
Varifrån hade skriket kommit?
Någon hade ropat på hjälp. Vem?

6

Jag låg kvar på sängen och lyssnade,
men det hördes inga fler skrik.
Mitt hjärta bultade hårt och fort.
Jag kände en underlig rädsla
som om något okänt hotade mig.
Vad hade hänt? Vem hade ropat?
Klockan var kvart i nio på kvällen.

Jag tog en dusch för att lugna ner mig.
En stund senare var jag åter nere
i hotellets reception.
Portieren som nu var i tjänst
hade jag inte sett tidigare.
Det var en ung, smal man
med bakåtkammat hår.

– Jag måste komma i kontakt
med herr och fru Hemmelwaite,
sade jag till honom.

– Det kan jag tyvärr inte hjälpa er med,
förklarade portieren. De checkade ut
och lämnade hotellet för två timmar sedan.

– Vad menar ni? frågade jag.
Bor inte paret Hemmelwaite kvar här längre?

– Nej, de har flyttat till Hotel Gritti,
svarade han. De påstod att de gjorde det
av romantiska skäl.

– Av romantiska skäl? frågade jag.

– Ja, de ansåg tydligen att det var
mer lämpligt för ett förälskat par
att bo på Gritti, sade han surt.

Jag tyckte att det verkade underligt
och förstod inte varför detta fina hotell,
Bonvecchiati, inte skulle duga.
Men Gritti var förstås ännu flottare
och möjligen också mer romantiskt.

– Det finns förresten ett meddelande till er,
sade portieren och räckte mig ett kuvert.

– Från vem? frågade jag.

Portieren svarade inte.
Han ryckte bara på axlarna.
Jag tog med mig kuvertet och gick ut.

33

Eftersom det regnade slank jag
snart in på en bar. Jag beställde en konjak,
öppnade brevet och läste:

Kära herr och fru Zorza,
det var trevligt att prata med er
och vi skulle gärna vilja träffa er igen.
Vi tänker tillbringa vår sista natt på Gritti,
vi finns i rum 208.
Varma hälsningar,
Patricia och Robert

Det syntes att det var en kvinna
som hade skrivit brevet.
Jag beställde en till konjak, drack ur den,
betalade och gav mig ut i regnet.

Klockan var halv elva.
Jag vinkade till mig en taxibåt
som kom farande på en av kanalerna,
klev i båten och bad föraren
att köra till Gritti. Några minuter senare
steg jag in i det sagolika hotellet.
Jag satte mig i baren och beställde
ett glas vin. Samtidigt frågade jag servitören,
om han kunde ta reda på ifall paret
i rum 208 var inne. Efter en stund
kom servitören tillbaka med mitt glas.

– Gästerna i nummer 208 gick ut
vid åttatiden, sade han.
De har inte lämnat något meddelande
om när de kommer tillbaka.

Jag tackade honom, tände en cigarrett
och svor för mig själv.
Varför hade jag låtit mig dras in
i paret Hemmelwaites konstiga historia?
Istället för att vara här borde jag sitta
på mitt rum på Hotel Bonvecchiati
och arbeta med min novell.

***

När jag hade suttit i Grittis hotellbar
i 20 minuter fick jag syn på Patricia.
Jag förstod genast att något allvarligt
hade hänt. Hon skyndade fram till mitt bord.

– Herr Zorza, tack och lov att ni är här,
sade hon.

Med en flämtning sjönk hon ner
på stolen mitt emot mig.
Hon var mycket blek och samtidigt
otroligt vacker. Ögonen var blanka
som om hon nyss hade gråtit.

35

– Vad är det som har hänt? frågade jag.

Hon drog två djupa andetag.

– Det blev fel, ni måste hjälpa mig,
sade hon sedan i viskande ton
för att ingen vid de andra borden skulle höra.
Jag kunde inte fullfölja planen,
modet svek mig.

– Vad menar ni? frågade jag.

– Robert ligger död i vårt rum, svarade hon.
Vi måste göra något åt saken.

7

Robert Hemmelwaite låg på rygg
i hotellrummets jättelika dubbelsäng.
Han var klädd i mörka byxor,
skor, vit skjorta och slips.
Huvudet var vridet åt vänster. Kulhålet
i tinningen var inte större än en navel.
Hålet på andra sidan huvudet, där kulan
hade trängt ut, var säkert mycket större.
Men det kunde jag inte se
eftersom det var vänt nedåt, in i kudden.
Kudden hade en gång varit vit,
nu var den röd av blod. Hela rummet
luktade blod och jag mådde illa.

– Hur gick det till? frågade jag.

– Robert sköt sig först, sade Patricia
och snyftade.
När det blev min tur vågade jag inte.

– Jag är glad att ni inte sköt er, sade jag.
En ung, vacker kvinna som ni
ska inte behöva dö.

37

– Det var precis så jag tänkte
när jag höll pistolen tryckt mot tinningen,
svarade hon. Jag tänkte att jag vill leva!
Jag vill inte dö! Men nu känns det
som att jag har svikit Robert.

– Kanske tänkte ni på barnet som ni ska föda,
sade jag. Ni vill att barnet ska få leva.

Patricia ryckte till och lade ena handen
på sin mage.

– Hur vet ni att jag är gravid? frågade hon.

– Sådant ser man, svarade jag.

Patricia lutade huvudet i händerna
en kort stund. Sedan såg hon på mig igen.

– Vi drog lott om vem som skulle
begå självmord först, förklarade hon.
Det blev Robert som fick börja.
Vi låg bredvid varandra på sängen,
höll varandra i handen
och han sköt sitt skott utan att tveka.
Jag tog pistolen ur hans hand,
riktade den mot min tinning
och skulle just trycka av.

Men då var det som om jag hörde en inre röst
som ropade att jag skulle låta bli, jag skulle
leva och låta barnet jag väntar få leva.

Hon tittade bort mot sängen
och Roberts döda kropp.

– Vad ska vi göra? frågade hon.
Vi borde väl kontakta polisen,
men jag vet inte om jag törs. De kommer
att tro att det var jag som sköt Robert.
Mina fingeravtryck finns ju på pistolen.

– Vi ska nog inte blanda in polisen, sade jag.
Det ställer bara till problem.

Patricia började gråta.

– Snälla ni, håll om mig, snyftade hon.

Det gjorde jag. Sedan började jag kyssa bort
tårarna från hennes ansikte.

***

Tio minuter senare hade jag och Patricia
gjort upp en plan. Rum 208 låg
på andra våningen rakt ovanför en kanal.

39

Vi bestämde oss för att vänta några timmar
tills natten blev sen. Sedan skulle vi
släppa ner Roberts lik i det mörka vattnet.

För att fördriva tiden drack vi upp allt
som fanns i hotellrummets minibar:
konjak, whisky, vin och öl.

När klockan slog två lyfte vi upp Roberts lik
från sängen och bar fram honom till fönstret.
Kring hans ben band vi fast en plastkasse
med en tung askkopp av marmor
och några stålrör som vi hade brutit loss
från badrummet.
Tyngderna skulle få kroppen
att sjunka till botten.
Vi lyckades få ut honom genom fönstret
och med ett dovt plask försvann han
ner i kanalens vatten.

Det var dags att städa rummet.
Vi torkade golvet men insåg snart
att vi inte kunde få bort spåren från sängen.
Lakanen och madrassen var blodiga
och fläckade av resterna av Roberts hjärna.
Vi bestämde oss för att slänga ut allt
genom fönstret:
säng, kuddar, täcken och sängkläder.

När vi var färdiga med vårt besvärliga jobb
såg rummet ganska tomt ut,
men det fanns i alla fall inga tecken
på att någon hade blivit skjuten där.

Klockan var tjugo minuter över tre på natten.

– Vad gör vi nu? frågade Patricia
och lade sin hand på min arm.

Jag blundade, kände mig både trött
och berusad. Under en kort stund
visste jag inte var jag befann mig
och ännu mindre varför.
Men sedan kom jag ihåg
att detta var Dödens och suckarnas stad.
Allt kändes som en mardröm.

– Förlåt, vad sa du? frågade jag
och öppnade ögonen.

– Vad gör vi nu? sade Patricia igen.

Jag såg mig om i rummet, fick syn på pistolen
och stoppade den i kavajfickan.
Om jag slängde den i kanalen
skulle den sjunka ner just utanför rum 208.
Kanske skulle polisen hitta den där.

41

Det var bättre att jag tog hand om pistolen och slängde den någon annanstans.

– Vi måste bege oss härifrån, sade jag. Packa din väska och följ med mig tillbaka till Hotel Bonvecchiati. Min fru är i Padua. Du kan sova i vårt rum.

Patricia tvekade men sedan nickade hon. Tio minuter senare smög vi iväg från Gritti, utan att någon såg oss.

8

Det var dimmigt och kyligt ute.
Jag lade min arm om Patricias axlar
och tryckte henne intill mig.
Jag föreslog att jag skulle ta hennes väska,
men hon envisades med att bära den själv.

– Förlåt mig, jag måste faktiskt kissa,
sade Patricia när vi hade gått en stund.

Vi befann oss i en smal ödslig gränd.
Jag förstod att hon ville vara i fred
så jag gick runt nästa gathörn och väntade.
När det hade gått en minut tyckte jag
att hon borde ha kissat färdigt. Jag återvände
till platsen där jag hade lämnat henne.

Patricia var försvunnen.
Jag tittade mig förvirrat omkring.
Vart kunde hon ha tagit vägen?
Klockan var fyra på morgonen, jag var lätt
berusad och under en halvtimmes tid
irrade jag runt i gränderna
och letade efter henne.

Vad i helvete hade hänt?
Vart hade Patricia tagit vägen?
Jag lämnade en ung amerikansk kvinna
en kort stund för att hon skulle
få kissa i fred i en gränd i Venedig.
Strax därpå var hon försvunnen.

Eller var allt bara en dröm?
Kanske låg jag och sov och drömde alltihop.
Jag nöp mig hårt i armen
för att vara säker på att jag var vaken.
I Dödens och suckarnas stad finns kanske
ingen gräns mellan dröm och verklighet.
Allt är både dröm och verkligt.

Jag kände mig mycket trött och bestämde
mig för att gå tillbaka till Hotel Bonvecchiati
och sova några timmar. När jag kom dit
fick jag nyckeln av portieren och tog hissen
upp till tredje våningen.

Jag gick in i mitt rum, tog av mig kavaj
och skor men orkade inte ta av mig resten
av kläderna. Jag lade mig på sängen.
Klockan var tio minuter i fem
på morgonen. Jag somnade genast.

9

När jag vaknade två timmar senare
mådde jag illa och måste gå på toaletten.
Jag var riktigt dålig i magen, hade diarré.
Jag satt där i tjugo minuter
innan jag kunde återvända till sängen.

Jag hade precis lagt mig ner när jag hörde
upprörda röster på gatan utanför.
Jag vacklade upp ur sängen, gick fram
till fönstret och tittade ut. På bron över en
av kanalerna stod en grupp människor
och tittade ner mot någonting i vattnet.
Jag såg strax vad det var: sängen
som jag och Patricia hade vräkt ut
från rum nummer 208 på Gritti.
Nu låg den där nere och guppade på vattnet.
Trots att jag befann mig trettio meter bort
kunde jag tydligt se blodspåren,
stora mörka fläckar på madrassens ljusblå tyg.

Jag blev illamående igen och skyndade
tillbaka till min egen säng. Jag sträckte ut mig
på rygg, lade en kudde över ögonen
och en kort stund därpå föll jag i sömn.

Nästa gång jag vaknade
stod två män i rummet.
Någon anställd på hotellet
måste ha låst upp min dörr och släppt in dem.
Den ene mannen var kort och tjock,
den andre lång och mager.
Båda hade mörka kostymer.

– Mitt namn är kommissarie Agliotti,
jag kommer från kriminalpolisen,
sade den korte.

Han såg ut att vara i 50-årsåldern.
Den yngre kollegan presenterade sig
som inspektör Bruneri.

– Vad kan jag hjälpa er med? frågade jag
samtidigt som jag satte mig upp i sängen.

– Herr Zorza, vi vill att ni ska svara
på några frågor, sade kommissarie Agliotti.
Vad gjorde ni igår kväll?

– Ingenting särskilt, svarade jag
och kände att jag började svettas.
Jag åt middag och besökte några barer.

– Var ni på Hotel Gritti?

46

– Ja, jag satt i baren någon timme
och drack ett par drinkar.

– Besökte ni någon av hotellgästerna
på rummet? frågade Agliotti.

– Nej, verkligen inte, sade jag bestämt
och ruskade på huvudet.

– Er hustru är inte här,
konstaterade kommissarien.

– Nej, hon är hos en väninna i Padua,
förklarade jag.

– Jag förstår, sade han. Eftersom er fru
är bortrest passade ni på att festa ordentligt.
Det blev visst sent. Enligt portieren
var klockan nästan fem innan ni kom hem.

Jag ryckte på axlarna och försökte dölja
min rädsla. Inspektör Bruneri harklade sig
och tog plötsligt fatt i min kavaj
som låg slängd över bordet.

– Är den här er? frågade han.

– Ja, naturligtvis, svarade jag.

47

Bruneri började undersöka kavajens fickor.
Med ens kom jag ihåg
att pistolen fortfarande fanns kvar där.
Utan att lämna några fingeravtryck
fiskade Bruneri upp vapnet ur fickan
med hjälp av en penna som han stack in
i bygeln runt avtryckaren.
Agliotti stirrade först på pistolen
och sedan på mig.

– Brukar ni gå omkring beväpnad?
frågade han.

– Nej, absolut inte, svarade jag.
Jag har ingen aning om hur pistolen
hamnade där eller vems den är.

Sedan tystnade jag, orolig för att säga
något dumt som bara skulle göra
min situation ännu värre. Inspektör Bruneri
lät pistolen glida ner i en plastpåse,
som han hade dragit fram ur innerfickan.

– Herr Zorza, sade Agliotti,
enligt de uppgifter vi har fått från vittnen
gjorde ni något helt annat igår kväll
än det ni har sagt till oss. Vi har hittat Robert
Hemmelwaites lik men ännu inte kvinnans.

Jag vill att ni ska berätta
vad ni har gjort av henne.

Jag stirrade på kommissarien
utan att säga något. Jag blundade
och kände att allting gungade.

– Jag anhåller er som misstänkt för mordet
på Robert Hemmelwaite,
sade Agliotti i allvarlig ton.

***

Polisbåten låg och väntade vid kajen
nära bron, där människor fortfarande stod
och stirrade på den blodiga sängen
som guppade på vattnet.

Jag steg ner i båten tillsammans med Agliotti,
Bruneri och en polisman i uniform.
De hade satt på mig handbojor.
Jag mådde illa och hade huvudvärk.

– Jag kan förklara det här, sade jag.
Låt mig berätta hur allt gick till.

– Vänta tills vi är på polisstationen,
sade kommissarien. Där blir ni nog kvar.

49

Ni kommer att få gott om tid att förklara,
mycket gott om tid.

Just då fick jag syn på dem. Båten körde sakta
längs kanalen. Vi passerade ett ungt par,
en kvinna och en man, som stod lutade
mot en husvägg. Kvinnan var Patricia.
Mannen hade skinnjacka och hästsvans.
De stod där hand i hand
och såg förälskade ut.
Under en kort stund såg hon på mig.
Sedan vände hon sig mot den unge mannen.

Jag kom ihåg vad portieren
på Hotel Bonvecchiati hade sagt
när jag frågade efter paret Hemmelwaite.
Han berättade att en man med skinnjacka
och hästsvans också hade sökt dem,
en man som inte såg hederlig ut.
Just nu stod han där och kysste Patricia.

Båten körde in under en bro
och jag kunde inte längre se dem.
Men jag förstod plötsligt att det fanns
en helt annan historia om det amerikanska
paret än den som Robert och Patricia berättat
för mig och min fru. Jag kände inte till
alla fakta och detaljer i den nya historien.

Men kanske kunde den ändå
bli en bra novell. Det jag inte visste
kunde jag fantisera ihop, hitta på.

Ganska säkert skulle bara mina fingeravtryck
finnas på pistolen, ingen annans.
Kanske skulle jag dömas för mordet
på Robert Hemmelwaite
och hamna i fängelse.
I så fall skulle jag ha hur mycket tid som helst
att bli färdig med den novell som jag hade
tänkt skriva i Dödens och suckarnas stad.

Jag undrade hur länge min fru
skulle stanna i Padua.
Vart tänkte Patricia och den unge mannen
med hästsvans ta vägen?
Skulle de lämna Venedig nu?

Inspektör Bruneri tände en cigarrett.
Båten närmade sig polisstationen.
På kajen stod en svart hund och skällde.
Människor fällde upp sina paraplyer.
Det hade börjat regna igen.

Ett stillsamt litet mord

1

Det var en torsdagsmorgon i slutet
av september. Bachmann satt vid skrivbordet
hemma i lägenheten. Han tittade ut
genom fönstret mot den svarta ån
som stilla flöt förbi. Han hade just förstått
att hans hustru Ingrid hade en älskare.
Han bestämde sig för att döda honom,
han skulle mörda den man
som hustrun var otrogen med.

Bachmann var professor vid universitetet
och 49 år gammal, tio år äldre än Ingrid
som arbetade på ett försäkringsbolag.
För en stund sedan hade hon gått till jobbet.
Det borde han själv också göra,
men i stället blev han sittande framför datorn.
Han tjuvläste Ingrids e-post.
Där fanns ett meddelande
som han redan hade läst flera gånger:
Tack för senast. Det var så underbart.
När kan vi ses igen? C.

En person som kallade sig C Barentz
hade skickat mejlet.

Bachmann hade aldrig hört namnet förut,
men han utgick från att Barentz var en man.
Säkert var han också Ingrids älskare.

Bachmann började leta igenom
hustruns skrivbordslådor.
Kanske hade hon gömt brev, fotografier
eller något annat som kunde avslöja
vem mannen var. Han tittade
i hennes adressbok, men hittade inte
namnet Barentz. Han hittade ingenting.

Samtidigt som Bachmann letade,
tänkte han på Ingrids vackra, nakna kropp.
Han kunde nästan se henne framför sig,
hon och en lika naken främmande karl
som knullade och njöt. *Det var så underbart*,
hade Barentz skrivit i mejlet till Ingrid
och frågat när de kunde ses igen.

Efter tolv års äktenskap
hade Bachmanns hustru varit otrogen
och legat med en annan man.
Professor Bachmann var torr i munnen
och fick en plötslig huvudvärk.
Han gick fram till telefonen,
ringde till universitetet och förklarade
att han skulle bli ett par timmar försenad.

Han tänkte döda Ingrids älskare.
Han visste inte var, när eller hur
han skulle mörda honom. Först gällde det
att ta reda på vem denne Barentz var.

***

Bachmann ringde till några olika
myndigheter, ställde frågor och surfade
på nätet i sin jakt på Ingrids älskare.
Efter en timme visste han att det fanns
tre män i landet som hette Barentz
och hade ett förnamn som började på C.

Den förste, Carl Barentz, var en gammal,
pensionerad präst.
Det kunde knappast vara han.
Den andre var en student, 20 år yngre
än Ingrid. Bachmann ville inte tro
att hans hustru hade gått till sängs
med en tonåring.

Han kände sig säker på att det var
det tredje namnet, Christian Barentz,
som var rätt person. Han bodde
i staden Grothenburg och var författare.
Bachmann antecknade hans adress
och telefonnummer.

Sedan ringde han till universitetet igen
och sade att han var sjuk.
På grund av kraftig huvudvärk
kunde han inte komma
förrän tidigast nästa morgon.

**

Bachmann ägnade en stor del av dagen åt
att fortsätta leta spår efter hustruns älskare.
Han tittade igenom varenda bokhylla
i lägenheten utan att hitta någon bok
författad av Christian Barentz.
Till sist gav han upp och började laga mat.

När Ingrid kom hem strax efter klockan fem
på eftermiddagen, öppnade Bachmann
en flaska vin och lyfte ut en himmelskt
doftande räkpaj ur ugnen.

– Min älskling! utropade Ingrid.
Vad jag har längtat efter dig!

2

Bachmann träffade Ingrid
för första gången på en fest.
Då var han fortfarande gift med Gisela.
Gisela var också med på festen men gick hem
tidigt eftersom hon inte mådde bra.
Bachmann stannade kvar och började
så småningom att prata med Ingrid,
som vid det tillfället var 26 år,
tio år yngre än han själv.

Hon hade just börjat studera historia
vid universitetet, samma ämne
som han själv undervisade i.
Tidigare hade hon läst litteraturvetenskap.
Hon var underbart vacker,
klädd i en djupt urringad röd klänning.

De pratade med varandra om allt möjligt
i flera timmar. Det gick så lätt.
De både talade om allvarliga saker
och skämtade med varandra,
som om de hade varit bekanta i flera år.

– Har du någon pojkvän? frågade Bachmann.

– Inte för tillfället, svarade Ingrid.

Sedan lyfte de sina vinglas, skålade
och såg varandra i ögonen lite för länge.

Tre dagar senare stötte de ihop igen,
den här gången i universitetets cafeteria.
Ingrid hade just varit i biblioteket
och sökt en bok som hon snabbt
måste få tag på, men den var utlånad.
Bachmann visste att han hade boken hemma
någonstans i sina hyllor.

– Om du vill kan du komma hem till mig
i kväll och hämta den, sade Bachmann.

Och det gjorde Ingrid.
Bachmanns hustru Gisela var på tjänsteresa
och skulle övernatta på annan ort.
Han hade just lagat mat och frågade
om han fick bjuda på middag.

– Ja, tack, svarade Ingrid.

Några timmar senare var de mätta
och något berusade. De hade druckit
två flaskor vin. Bachmann lade sin ena hand
på hennes knä. Ingrid tog inte bort den.

Strax därpå var de i full gång med att älska
på mattan framför den öppna spisen.

De märkte inte när Gisela klev in i rummet.
Hon stod och tittade på deras knullande
en stund. Sedan harklade hon sig och sade:
– Min käre make, jag ser att du har hittat
en ny fitta, och om jag inte tar fel
sitter den på en ung studentska.

Efter den händelsen blev det skilsmässa.
De hade varit gifta i tolv år.
Som tur var hade de inga barn.
Gisela gifte snart om sig med en annan man,
och Bachmann gifte sig med Ingrid.
Inte heller i det nya äktenskapet
blev det några barn. Bachmann och Ingrid
hade också varit gifta i tolv år nu,
och han älskade henne fortfarande.
Han hade älskat henne lika intensivt
under alla dessa år.

Det skulle kännas som en katastrof
om Ingrid lämnade honom.
Bachmann var snart 50 år,
började bli tunnhårig och småfet.
Han skulle aldrig hitta en lika bra
och vacker kvinna igen.

Bara tanken på att behöva leta
efter en ny kvinna fick honom att rysa.
Om Ingrid övergav honom
skulle han nog ta livet av sig.

Ingrid fick helt enkelt inte lämna honom
för den där Christian Barentz skull.
Därför måste han döda honom.

***

Efter att ha ätit räkpaj och delat en flaska vin
satt Bachmann och Ingrid och tittade på teve
en stund.
Sedan gick de in i sovrummet och älskade,
men Bachmann hade svårt att njuta.
Han tänkte bara på att hans hustru
hade varit tillsammans med en annan man.

Ingrid somnade snart,
men Bachmann låg vaken i flera timmar
och funderade på mordet han måste begå.
Han tänkte inte berätta
att han visste att hon hade en älskare.
Han skulle bara döda honom.
Om några dagar
skulle Christian Barentz vara borta.

Då fick Bachmann ha sin vackra hustru
för sig själv. Det var det enda han ville.

Klockan var halv fyra på morgonen
när han äntligen somnade.

3

Under helgen var Bachmann tillsammans
med Ingrid den mesta tiden.
De gick på konsert och bio och åt
på restaurang både lördag och söndag.

Först på måndagen, när han satt hemma
i sitt arbetsrum, började Bachmann åter leta
efter upplysningar om författaren
Christian Barentz. Men det dröjde till dagen
därpå innan han fick veta något viktigt.
Han ringde till ett stort bokförlag
och påstod att han var journalist.

– Jag håller på att skriva några artiklar
om modern litteratur, ljög Bachmann.
Det finns en författare som heter
Christian Barentz, men jag har inte lyckats
hitta någon av hans böcker.

Damen som han pratade med förklarade
att det inte var så konstigt.
Barentz publicerade inga böcker
under eget namn. Som författare
använde han alltid påhittade namn.

Han kallade sig Christos Brant
när han skrev diktsamlingar, Christoffer
Rentze när det rörde sig om reseskildringar
och Carl Barren när han skrev deckare.
Bachmann antecknade namnen,
tackade för hjälpen och lade på telefonluren.

Tio minuter senare lämnade han
lägenheten och promenerade
till stadens största bokhandel.

Han hittade ingen diktsamling av Brant,
ingen reseskildring av Rentze, men till sist
fann han en kriminalroman av Carl Barren.
Boken hette *Ett stillsamt litet mord*.

Bachmann gillade inte deckare,
men den här borde han nog läsa.
Kanske skulle den hjälpa honom att bättre
förstå vem Christian Barentz egentligen var.

Med en suck tog han med sig boken
till kassan och betalade.
Boken kostade 20 euro. Bachmann tyckte
att det var ett hutlöst pris.

– Skamligt dyrt, konstaterade han
när han lämnade sedlarna till expediten.

Bachmann började läsa boken samma kväll.
Han satt vid skrivbordet i arbetsrummet.
Ingrid var borta på kurs och skulle inte
komma hem förrän efter klockan elva.

Det var en underlig historia om en man,
en gymnasielärare, som upptäcker
att han har en dubbelgångare.
En morgon när han står och undervisar
öppnas dörren och han ser sig själv,
eller en person som ser ut precis
som han själv, komma in i klassrummet.
De har exakt likadana kläder på sig.
De stirrar på varandra. Sedan försvinner
dubbelgångaren ut genom dörren
och stänger den efter sig.

Ingen av eleverna verkar märka någonting,
inte ens att dörren öppnas och stängs.
Läraren tycker att händelsen
är mycket obehaglig.

Några dagar senare dyker främlingen
upp igen, den här gången i lärarens hem
när han sitter och dricker kaffe
med sin hustru.

De stirrar på varandra i två sekunder.

Sedan vänder dubbelgångaren sig om
och går därifrån.
Hustrun lägger inte märke till honom.

Bachmann gjorde en paus i läsningen
efter 40 sidor. Han var törstig och gick ut
i köket och drack ett glas vatten.
Sedan satte han sig åter vid skrivbordet
och fortsatte att läsa.

På sidan 55 besöker huvudpersonen
ett bibliotek och får syn på dubbelgångaren
för tredje gången. Han bestämmer sig
för att begå *ett stillsamt litet mord*
när han möter främlingen vid nästa tillfälle.
För att bli av med sin dubbelgångare
måste han döda honom.

Läraren sjukskriver sig från arbetet.
Han lämnar sitt hem för en tid
och bosätter sig i en sommarstuga på landet.
Det är vinter, februari, kallt och otrevligt.
Huvudpersonen lever där i ensamhet
och tycks bli allt mer förvirrad.

En dag får han ett anonymt meddelande
på sin mobiltelefon.
Det syns inte vem som har skickat det.

Din hustru har ett hemligt förhållande
med en viss författare C,
står det i meddelandet.

***

Bachmann sköt ifrån sig boken
och stirrade ut genom fönstret.
På den mörka himlen syntes
en blek, gul måne.
Han kände sig illamående
när han tänkte på meddelandet
som den sjukskrivne läraren hade fått.

För nästan tre år sedan hade Bachmann själv
varit sjukskriven en längre tid.
Han hade problem med nerverna,
var dyster och deprimerad.
Två gånger försökte han ta livet av sig.
Under en månad var han intagen
på ett mentalsjukhus.
Kanske skulle han fortfarande vara kvar där
om han inte hade haft Ingrids stöd.
Ibland var hon hos honom både dag och natt.

Det var tack vare henne som Bachmann
hade blivit frisk och kunnat börja leva
som vanligt igen.

Plötsligt hörde han att ytterdörren
till lägenhet öppnades och stängdes.
Det var Ingrid som kom hem
från sin kvällskurs. Bachmann skyndade sig
att gömma boken *Ett stillsamt litet mord*
i översta skrivbordslådan.

4

På fredag förmiddag ringde
professor Bachmann till sin hustru,
när hon var på jobbet. Han påstod
att det hastigt hade blivit bestämt att han
skulle delta i ett seminarium i Hamburg.
Han måste resa redan samma kväll.

– Kan vi inte ses på järnvägsstationen,
föreslog han. Vi äter en bit mat
och dricker ett glas vin på restaurangen där
innan jag åker. Jag ska vara borta
i fyra nätter. Tisdag kväll är jag hemma igen.

Ingrid lovade att komma till stationen.
När han hörde hennes röst
kunde han inte avgöra om hon var glad
eller besviken över att han skulle resa bort.

Klockan var strax efter sex
när de träffades på järnvägsrestaurangen.
De åt en enkel middag och sedan
följde Ingrid med honom ut på perrongen.
Hon vinkade av Bachmann
när han klev på tåget norrut mot Hamburg.

Men redan vid nästa station steg han av.
Han väntade en kvart och hoppade sedan
på ett tåg som gick söderut. Han passerade
sin hemstad och fortsatte sedan ytterligare
20 mil söderut. Det dröjde flera timmar
innan han var framme i Grothenburg.
Där steg han av tåget.

Professor Bachmann tog en taxi
till Hotel Belveder. Han hade ringt dit
tidigare under dagen och bokat ett rum
för fyra nätter. Klockan var över midnatt
när han kom fram och fick sin nyckel.
Han tog hissen upp till sjätte våningen
och låste upp dörren till hotellrummet.

Innan han somnade låg Bachmann och läste
några kapitel i Christian Barentz roman.
När han till sist släckte lampan
hade han läst ungefär halva boken.

***

Nästa morgon tog Bachmann trapporna ner
till hotellets matsal.
Han drack kaffe och ett glas juice,
åt ett löskokt ägg samt en smörgås
med leverpastej och gurka.

En halvtimme senare gav han sig ut i staden.
Han hade varit i Grothenburg flera gånger
förut och hittade ganska bra.
Men han hade ändå en karta i fickan
där han hade kryssat för Gerckstraat 21,
adressen där Christian Barentz bodde.

Det var en underbar höstdag
med solsken och lätta moln.
Bachmann promenerade genom staden.
Framåt lunchtid satte han sig
på en uteservering
framför Grothenburgs gamla rådhus.
Han beställde en kopp kaffe.

Jag ska döda Christian Barentz, tänkte han.

Professor Bachmann tog upp mobiltelefonen
ur kavajfickan och slog numret hem.
När han inte fick något svar ringde han
till Ingrids mobil. Hon svarade nästan genast.

– Var är du? sade han.

– Var är du själv? frågade hon.

Han påstod att han var i Hamburg.

– Du vet ju att jag är här på seminarium.
Just nu är det lunchpaus, ljög han.

I samma ögonblick började klockorna
i Grothenburgs rådhus att klämta,
som de alltid gjorde varje dag klockan tolv.
Det var en alldeles speciell melodi,
som Bachmann aldrig hade hört
någon annanstans.

Han satt som förstenad och lyssnade.
Sedan stängde han snabbt av telefonen.
Han hade hört exakt samma klockspel,
både i telefonen och i verkligheten.
Det måste betyda att även Ingrid
just nu befann sig i Grothenburg.

5

Ingrid var alltså också här i Grothenburg,
mer än 20 mil hemifrån. Han hade ju hört
samma klockklang i bakgrunden,
när han pratade med henne i telefon.

Kanske sitter hon till och med
vid ett annat kafébord här på torget,
tänkte Bachmann.

Han såg sig omkring,
spanade försiktigt åt alla håll,
men han kunde inte se henne någonstans.

Hade hon också hört klockspelet i telefonen?
Förstod Ingrid att han inte var i Hamburg
utan just här i Grothenburg? Anade hon
att han kände till hennes hemliga förhållande
med den där författaren Christian Barentz?

Bachmann hoppades att så inte var fallet.
Han ville inte avslöja att han visste
att hon var otrogen,
och han tänkte absolut
inte prata med henne om saken.

Kanske skulle Ingrid i så fall känna sig
tvungen att välja mellan honom och Barentz.
Vem skulle hon i framtiden vilja dela
sitt liv med? Han förstod
att hon mycket väl kunde välja Barentz.
Vad skulle han själv göra då?

Det bästa är att bara döda honom,
tänkte Bachmann. Ett stillsamt litet mord.

Just då ringde mobiltelefonen igen.
Han torkade bort en svettdroppe
ur pannan innan han svarade.

– Hej, samtalet bröts tydligen, sade Ingrid.
Hur är vädret i Hamburg?

– Ganska hyggligt, svarade Bachmann.
Jag har tyvärr inte tid att prata just nu.
Det är dags för lunch. De kommer precis
med maten, någonting med skaldjur.

– Så hungrig jag blir, sade Ingrid.
Just nu är jag ute på stan och shoppar.
Puss, puss, ha det så bra!

Fy fan, tänkte professor Bachmann
och stoppade ner telefonen i kavajfickan.

Ute på stan och shoppar! I vilken stad
och tillsammans med vem?
Antagligen med den där jävla Barentz.

***

Tio minuter senare promenerade Bachmann
bort till Gerckstraat. Han gick in i porten
till nummer 21 för att kontrollera att Barentz
verkligen bodde där. Och det stämde.
På en dörr på andra våningen
satt en namnskylt i mässing.
Barentz och Popetka, stod det på skylten.
Bachmann undrade vem Popetka var.
Kanske en kvinna som Barentz
bodde tillsammans med. Var hon i så fall
bortrest nu? Var Ingrid där i stället?
Låg hon redan därinne i sängen
med sin älskare?

Bachmann hade ljugit för sin hustru och sagt
att han skulle till Hamburg på konferens.
Hon hade trott på hans lögn och passat på
att resa hit till Grothenburg
för att träffa Barentz. Det var för jävligt.
Han gick nerför trapporna och ut ur huset.
Mittemot porten låg en liten
thailändsk restaurang.

Bachmann slank in där och satte sig
vid ett fönsterbord. Platsen var perfekt.
Därifrån kunde han bevaka porten
till Gerckstraat 21.
Han såg vilka som gick ut och in.

***

Han hade ätit kyckling med ris
och druckit en öl. Strax efter att ha avslutat
måltiden fick han syn på henne.
Bachmann såg att Ingrid kom gående
längs gatan. Hon hade sin nya gröna jacka
och bar på en tygväska. Så vacker hon var!
Så ung och spänstig hon verkade!
Ingen kunde väl tro att hon skulle fylla 40 år
om bara ett par månader. Med bestämda steg
gick hon in i porten till nummer 21.
Han förstod att hon hade varit där
vid flera tillfällen förut. Det var knappast
första gången som hon besökte sin älskare.

Plötsligt kände Bachmann sig yr.
Han trodde nästan att han skulle svimma.
Men anfallet gick över. Han vinkade till sig
servitören och bad att få betala.
Sedan lämnade han restaurangen
och började gå tillbaka mot Hotel Belveder.

6

Under hela eftermiddagen och kvällen
var Bachmann frestad att ringa till Ingrid,
men han tvekade och lät bli.

Först framåt midnatt slog han numret
till hennes mobiltelefon,
men då svarade hon inte.

Han låg i sin bekväma hotellsäng
efter att ha druckit upp allt som fanns
i rummets minibar. Märkligt nog
kände han sig inte det minsta berusad.
Han undrade vad Ingrid gjorde nu.
Antagligen knullade hon med Barentz
eller kanske låg hon och sov vid hans sida.

Så länge Ingrid var i Grothenburg
kunde Bachmann inte döda hennes älskare.
Hon fick absolut inte bli vittne till mordet.

Fan också, tänkte han med en suck,
om jag inte hade älskat henne så mycket
skulle jag ha dödat dem båda två.

Han reste sig ur sängen, gick ut i badrummet,
borstade tänderna och lade sig igen.
Sedan läste han några sidor i Barentz roman.

Den förvirrade läraren är fortfarande ensam
i den kalla och otrevliga sommarstugan.
Han har tappat minnet,
kommer inte ihåg någonting om sitt liv.
Han förstår inte var han befinner sig
och vet inte vad han heter.

Mannen får syn på en kavaj
som hänger på en stol. I innerfickan
ligger en plånbok med ett körkort i.
Det tillhör någon som heter Curt Lorentz.
Namnet säger honom ingenting.
När han tittar sig i spegeln
tycker han inte att mannen på fotot
är särskilt lik honom själv.

I plånboken finns också ett fotografi
av en kvinna i 30-årsåldern. På baksidan
av fotot står det skrivet: *Ingrid, min älskade*.
Han tycker faktiskt
att han känner igen kvinnan.

***

Bachmann slutade att läsa.
Varför i helvete använde Christian Barentz
namnet Ingrid på en kvinna i romanen?
Varför skrev han orden *Ingrid, min älskade?*

Boken hade kommit ut för tre år sedan.
Alltså måste det ha gått minst fyra år
sedan Christian Barentz skrev den.
Kände han Ingrid redan då? Var det därför
kvinnan i romanen kallades Ingrid?
Ingrid, min älskade. Så var det förstås!
Bachmann var säker. Hans hustru hade varit
otrogen och haft en älskare i minst fyra år!

Han reste sig hastigt ur sängen, grep tag
i boken och slängde den i väggen.
Han borde aldrig ha börjat läsa den!
Varför hade han gjort det? Kunde Ingrid
och Barentz på något sätt ha lurat honom
att läsa romanen? Allt ingick kanske
i en djävulsk plan som hans hustru
och hennes älskare hade tänkt ut.
Kanske visste de till och med att han just nu
befann sig här på Hotel Belveder.

Nej, det är inte möjligt, tänkte Bachmann.

Han släckte ljuset och gick fram till fönstret.

Härifrån sjätte våningen
hade han en fantastisk utsikt
över den nattupplysta staden.

***

Klockan var nästan halv tio
när Bachmann vaknade på söndagsmorgonen.
Efter att ha duschat gick han ner i matsalen
och åt frukost. När han druckit ur
sin andra kopp kaffe tog han upp
mobiltelefonen och ringde till hustrun.
Hon svarade efter två signaler.

– Jag har goda nyheter, förklarade han.
Jag behöver inte stanna här i Hamburg
ända till tisdag. Jag kommer hem
redan i morgon, på måndag,
någon gång efter lunch.

– Så bra, då ses vi då, sade hon.
Jag har lite bråttom. Hej då och puss!

Det blev ett kort samtal. Det var svårt
att avgöra om hon lät glad eller besviken
när han berättade att han skulle komma hem
en dag tidigare. Bachmann undrade
var Ingrid befann sig just nu.

Låg hon i sängen hemma hos den där
skitförfattaren Christian Barentz?

Herregud, varför sade jag inte
att jag skulle komma hem redan i kväll?
undrade han för sig själv.
Nu måste jag stanna en hel söndag
i den här förbannade hålan.

Han reste sig från frukostbordet och gick ut.
Större delen av dagen fördrev han med
att promenera i staden och dess omgivningar.
Han försökte låta bli att tänka
på Christian Barentz och Ingrid.
På kvällen åt han middag på en restaurang
som hette Pavlova och låg nära rådhuset.
Sedan gick han hem till hotellet.

Just när han kom in i rummet kom han på
hur han skulle göra för att få en chans
att ta livet av Barentz redan följande dag.
Han tänkte, som planerat, stanna ytterligare
två nätter i Grothenburg.
I morgon eftermiddag skulle han ringa hem
och försäkra sig om att Ingrid hade återvänt
till deras lägenhet.
Han tänkte ljuga och säga att han trots allt
måste stanna kvar i Hamburg ända till tisdag.

82

Då kunde han döda Christian Barentz
på måndag kväll. Frågan var bara
på vilket sätt han skulle mörda honom.

7

När Bachmann hade ätit frukost
på måndag morgon gick han tillbaka upp
på hotellrummet och lade sig på sängen
med Barentz bok. Han hade en känsla
av att han trots allt borde läsa klart
Ett stillsamt litet mord innan han själv
genomförde sin mordiska plan.

Läraren, som antagligen heter Curt Lorentz,
är i romanen tillbaka i sitt arbete på skolan.
Under en lektion får han
ett nervsammanbrott. Han blir alldeles galen
och kastar sig ut genom en fönsterruta.
Med otäcka skärsår förs han i ambulans
till sjukhuset. Där plåstras han om
och läggs i en säng i en sal för två patienter.
Han får en lugnande spruta och somnar.

När han vaknar ser han
att en annan patient ligger i sängen bredvid.
Det är hans dubbelgångare
som också heter Curt Lorentz.
Han har hittats naken och medvetslös
ute i skogen med ett fotografi i handen.

Fotot föreställer en kvinna
med namnet Ingrid.

Där ligger Curt Lorentz och Curt Lorentz
mittemot varandra, den ene är fortfarande
medvetslös, den andre vaken.
Den medvetslöse mannen är kopplad
till en maskin med flera slangar
som sitter i hans armar och ben.
Mannen som är vaken reser sig ur sängen,
går fram till den andra patienten
och kopplar bort slangarna.
Sedan kryper han ner i sin säng igen.
Efter en halv minut märker han
att den andra mannen har slutat att andas.
Curt Lorentz har utfört ett stillsamt
litet mord. Han har dödat sin dubbelgångare
och somnar nöjd.

Curt Lorentz vaknar av att personalen
för bort den döde.
Sedan rullar de in en säng med en ny patient.
Det är en professor vid universitetet
som har brutit och gipsat en fot.
Han är vaken och läser en bok
med titeln *Ett stillsamt litet mord*.
Efter en stund kommer en kvinna
som heter Ingrid in i rummet.

Hon har med sig en bukett röda rosor,
men tycks inte riktigt veta
vilken av patienterna hon ska besöka.
Eftersom Curt Lorentz har somnat
sätter hon sig på en stol
bredvid professorns säng.

Curt Lorentz fortsätter att sova.
Han märker aldrig att Ingrid är där.
Läsaren får veta vad han drömmer om.
Han drömmer att han är författare,
hans namn är Zorza och han är på väg
till Venedig för att försöka skriva en novell.

Där slutade boken.
Bachmann begrep ingenting.

– Vilken konstig och dålig jävla historia,
muttrade han för sig själv. Den där Barentz
är verkligen en riktig skitförfattare.

Han såg på klockan, den var kvart över tolv.
Ingrid hade nog inte hunnit tillbaka hem än.
Han bestämde sig för att gå ut en stund.

På en bakgård nära järnvägsstationen
hittade han ett 40 centimeter långt
ihåligt järnrör. Det vägde nog drygt ett kilo.

Han lade ner röret i sin portfölj.
Det skulle bli hans mordvapen.

Bachmann fortsatte att promenera
i ett par timmar. När klockan var tre
satte han sig på ett kafé, beställde en kaffe,
tog upp mobiltelefonen och ringde hem.
Ingrid lät andfådd när hon svarade.

– Jag kom precis innanför dörren,
förklarade hon.
Jag har varit och hälsat på en väninna.

– Det har krånglat till sig här i Hamburg,
sade Bachmann. Jag trodde att jag kunde
åka hem redan idag, men jag måste vara med
på ett tidigt möte i morgon också.

– Kommer du först i morgon och inte idag?
frågade Ingrid.

– Ja, vid femtiden på eftermiddagen
skulle jag tro, svarade Bachmann.

De avslutade samtalet.
Han drog en suck av lättnad.
Nu visste han att Ingrid var hemma
och inte längre kvar i Grothenburg.

Han beställde en till kopp kaffe.
Det var dags att ringa nästa samtal.

***

Bachmann knappade in numret
till Christian Barentz på mobiltelefonen.
Efter några signaler svarade en manlig röst.

– Ja, det är Barentz, sade han.

– Jag söker egentligen fröken Popetka,
är det här rätt nummer? frågade Bachmann.

– Ja, men hon är inte inne, svarade Barentz.
Hon kommer hem först sent i kväll.

– Då återkommer jag en annan gång,
sade Bachmann.

När samtalet var avslutat kände han sig
mycket belåten. Skitförfattaren Christian
Barentz, Ingrids älskare, var ensam hemma.
Bachmann kunde gå dit nu direkt
och döda honom, slå ihjäl den jävla karln
med ett järnrör. Sedan skulle alla problem
vara lösta. Han behövde inte längre
dela Ingrid med någon annan.

Bachmann betalade för kaffet
och lämnade kaféet.
Efter några minuters promenad
var han framme vid Gerckstraat.
Han gick in genom porten till nummer 21
och fortsatte två trappor upp.

Han plockade upp röret ur portföljen
och ringde på. I nästa stund hörde han
att en hund började skälla.
Den lät både stor och hotfull.

8

Dörren öppnades. Bachmann trodde
att han skulle få syn på en ilsken hund,
men där stod bara en man i vit skjorta
och ljusbruna byxor.
Han var snygg som en filmstjärna
och såg ut att vara i 50-årsåldern.

– Vem är ni? Vad gäller saken? frågade han.

I samma stund började hunden att skälla igen.
Bachmann insåg att ljudet kom
från en annan lägenhet i huset.
Han tvekade en sekund. Sedan drog han fram
järnröret, som han hade gömt bakom ryggen,
och siktade in sig på mannens vänstra
tinning. Men det blev ingen riktig fullträff.
Röret slog först i kanten på dörrkarmen
innan det träffade mitt i pannan.
Det var ändå inget dåligt slag.
Mannen vacklade till, tog två steg tillbaka
in i hallen och föll omkull.

Bachmann följde efter honom
och drog igen ytterdörren efter sig.

Han betraktade mannen. Det rann blod
från såret i pannan, men han andades.
Han var inte död. Bachmann borde slå till
honom igen men kände att han inte klarade
av det. Plötsligt blev han illamående och yr.
Jag måste ha lite vatten, annars svimmar jag,
tänkte han.

Professor Bachmann stapplade ut i köket
och fram till diskbänken, lade ifrån sig röret,
vred på kranen och drack några klunkar
vatten. Sedan vände han sig om.
I ett hörn av köket satt en äldre man i rullstol.
Han stirrade på Bachmann.
Gubben hade vitt skägg och vitt hår
och måste vara minst 80 år gammal.

– Vad gjorde ni med Georg ute i hallen?
frågade han med darrande röst.

Georg? tänkte Bachmann.
Det var något som inte stämde.

– Vem är ni? frågade han.

– Mitt namn är Christian Barentz,
svarade gamlingen. Jag bor här.
Vad var det som hände ute i hallen?

91

Det gick runt i huvudet på Bachmann.
Författaren Barentz var alltså en gammal
gubbe som satt i rullstol. Han var säkert inte
Ingrids älskare. Bachmann svalde
och blundade. Sedan öppnade han
ögonen igen och stirrade på det blodiga röret,
som han hade lagt ifrån sig på diskbänken.

– Jag har blivit lurad, mumlade han.
Jag har begått ett misstag, jag är ledsen.
Men det är inte mitt fel. Jag trodde att saker
och ting hängde ihop på ett annat sätt.

Christian Barentz vred på huvudet,
stirrade mot dörröppningen och flämtade till.

– Georg! Vad har hänt? ropade han.

Mannen som kallades Georg vacklade just in
i köket. Han kunde knappt stå på benen.
Han höll ena handen för pannan
och hans vita skjorta var fläckad av blod.

– Jag kan förklara, började Bachmann.

Men han fann inga ord,
visste att han inte kunde förklara
det som nyss hade hänt.

I stället grep han tag i röret, rusade ut
ur köket, genom hallen, ut genom dörren,
bort mot trappan. Just i det ögonblicket halkade han
på det hala stengolvet, tappade balansen
och föll handlöst nerför den branta trappan.
När han landade längst ner
var han medvetslös.

***

Bachmann vaknade av smärtan.
Han hade vansinnigt ont i höger fot.
Runt honom stod två kraftiga kvinnor
och en man med hund.

– Foten, stönade han, jag har brutit foten.

– Ta det lugnt, sade en av kvinnorna.
Vi har ringt efter ambulans. Var tacksam
för att ni inte bröt nacken.

Hunden morrade. Ännu en kvinna kom fram
till honom. Men varken mannen i rullstol
eller den blodige Georg syntes till.
Bachmann bet ihop tänderna
för att inte skrika av smärta. På avstånd
hördes sirenerna från en ambulans.

9

När Bachmann vaknade nästa gång låg han
i en säng i ett rum med ljusgröna väggar.
Det var en sjuksal. Han hade gips
runt högra foten och ett antal slangar
instoppade i armar och ben.
Slangarna var kopplade till en maskin
som stod bredvid sängen.
Han var inte den enda patienten i salen.
I en annan säng låg en karl och läste.

Bachmann var torr i munnen
och hade huvudvärk. Ovanför honom
hängde en ringklocka. Mödosamt höjde han
armen och tryckte på knappen.

Han undrade hur det kom sig att hans fot
var gipsad. Plötsligt mindes han
hela historien. Det hade börjat med
att han tjuvläste Ingrids e-post. Han kom
fortfarande ihåg varje ord i meddelandet:

Tack för senast. Det var så underbart.
När kan vi ses igen? C.

En person som kallade sig C Barentz
hade skickat mejlet.

Bachmann hade tagit reda på att det rörde sig
om en författare som hette Christian Barentz
och bodde i Grothenburg.
Han hade åkt dit för att döda honom,
ett stillsamt litet mord.
Men allt hade gått galet.
Han hade störtat nerför en trappa
och brutit foten.

En sjuksköterska kom in i rummet.

– Var det ni som ringde, herr Lorentz?
frågade hon den andre patienten.

– Nej, det var jag, sade Bachmann.
Jag är törstig och har huvudvärk.

– Jaså, ni är vaken nu, sade hon vänligt.
Vänta ett ögonblick.

Hon gick ut ur salen men kom snart tillbaka
med ett glas vatten och några piller.

Han svalde dem och drack
några stora klunkar vatten.

– Ni kommer snart att känna er bättre,
sade sköterskan.
Försök att sova några timmar.
Det var en ganska svår operation.

Hon lämnade rummet igen.
Bachmann tittade på den andre patienten
som fortfarande låg och läste.
Han tyckte att han kände igen både honom
och hans namn, Lorentz.
Var hade han hört det förut?
Plötsligt kom han på det. Curt Lorenz,
det var ju så huvudpersonen hette
i Christian Barentz roman, läraren
som skulle döda sin dubbelgångare.

Mer hann Bachmann inte fundera
eftersom dörren åter öppnades
och två kvinnor kom in.
Den ena var hans hustru Ingrid.
Hon såg både allvarlig och arg ut
och hälsade knappt på sin man.
Kvinnorna satte sig på varsin stol
bredvid sängen.

– Det här är min väninna Christina Popetka,
sade Ingrid.
Jag tror inte att ni har träffats.

Vi är gamla skolkamrater
och har känt varandra i 25 år.
Hon bor på Gerckstraat 21 i Grothenburg
tillsammans med en viss Christian Barentz,
en 82-årig författare som sitter i rullstol.
Det är Christinas gamla morbror,
som hon hjälper och tar hand om.
Det var hans son Georg
som du nästan slog ihjäl.

Bachmann svarade inte.
Han vågade knappt titta på vare sig
sin hustru eller hennes väninna Christina.
Christina började på C.
Kunde det ha varit hon som skickade mejlet?
Kanske satt hon vid sin morbrors dator
och sände iväg meddelandet
från hans e-postadress.

– Det finns ett och annat som jag vill
att du förklarar, sade Ingrid strängt.
Jag hörde ju att du var i Grothenburg
och inte i Hamburg när du ringde i lördags.
Det där klockspelet känner jag igen.
Varför ljuger du för mig? Vad håller du
på med egentligen? Är det din gamla
vanliga svartsjuka som har satt igång
en massa underliga tankar igen?

Bachmann sade fortfarande ingenting.

– Kanske borde du förklara för Christina
varför du trängde dig in i hennes
och morbroderns hem och varför du slog
Georg blodig, fortsatte Ingrid.

– Jag vet inte om jag orkar förklara just nu,
sade Bachmann. Nyss fick jag sömnmedel
av sköterskan och jag har lite svårt
att hålla mig vaken. Du kanske kan ringa
till universitetet och berätta att jag inte kan
arbeta under den närmaste tiden.

Hans hustru skakade på huvudet.

– Nej, du får ringa dina samtal själv,
sade hon. Jag har fått nog.
Jag vill inte längre ha med dig att göra.
Det är dags att jag lämnar dig
och äntligen börja leva mitt eget liv.
Det borde jag ha gjort för länge sedan.

Ingrid vände sig mot Christina.

– Han inbillar sig att han fortfarande arbetar
på universitetet, viskade hon i väninnans öra.
Men det har han inte gjort på flera år.

Inte sedan han fick ett nervsammanbrott
och försökte ta livet av sig.
Han har varit sjukskriven och mer
eller mindre förvirrad sedan dess.

Trots att hon viskade hörde Bachmann
vad hon sade. Kvinnorna reste sig,
vände honom ryggen och gick därifrån.

Han hade svårt att hålla sig vaken
men innan han somnade såg han
att den andre patienten, Lorentz, reste sig
ur sängen och var på väg mot honom.
Han höll boken i handen.
Plötsligt kände Bachmann igen den,
han kunde läsa titeln: *Ett stillsamt litet mord.*
Och karlns ansikte var så välbekant.
Bachmann fick för sig
att mannen inte alls var någon främling
utan att det var sig själv, sin spegelbild,
sin egen dubbelgångare han såg.
Han trevade efter ringklockan
men fick inte tag i den.

Vad är det för en jävla historia
jag har hamnat i? tänkte han samtidigt
som Lorentz lutade sig fram
över honom och log ett elakt leende.

Professor Bachmann hann inte tänka
något mer. Han gled in i sömnen
och medvetslösheten.
Allt blev svart och försvann.

Ormblomman

1

En kväll i juni förändrades mitt liv.
Min hustru Clara sade
att hon inte älskade mig längre.
Vi har varit gifta i 25 år.
Vi har två vuxna döttrar.
Både Clara och jag är lärare.
När sommarlovet skulle börja
berättade hon att hon ville skiljas.

– Har du träffat en annan man? frågade jag.

– På sätt och vis, sade hon.

Jag tyckte att det var ett konstigt svar.

Jag var förvånad
men inte ledsen eller arg.
Jag och Clara har nog aldrig älskat varandra
inte på allvar.

Jag har bara varit riktigt kär en gång i mitt liv.
Det var för trettio år sedan.
Nu är jag 49 år. Den gången var jag nitton.
Jag älskade en flicka som hette Vera Kall.

Hon kallades för Ormblomman.
Den här berättelsen handlar om henne.

***

Clara hade sagt att hon ville skiljas.
Hon hade träffat en annan man.
Jag satt och funderade på
vem den mannen kunde vara.
Plötsligt ringde telefonen.
Jag lyfte luren och svarade.

– Är det Henry Maartens? frågade en röst.

– Ja, det är jag, svarade jag.

– Hej! Det här är Urban Kleerwot.
Minns du mig?

Jag fick tänka efter en stund,
men sedan kom jag ihåg.
Visst mindes jag Urban.
Vi gick på gymnasiet tillsammans
för trettio år sedan.
Vi har inte träffats sedan dess.

– Tjenare, Urban! sade jag.
Det var längesen.

– Ja, hur har du det? frågade han.

– Tack, bra, svarade jag.
Min hustru har just sagt att hon vill skiljas.

Urban hostade till och blev sedan tyst.

– Vad vill du? frågade jag.

Urban berättade
att han hade skrivit en berättelse.
Han hoppades att den skulle bli en bok.
Han ville att jag skulle läsa den.
Han visste att jag är språklärare.

– Du var ju duktig i svenska
redan på gymnasiet, sade han.
Jag vill att du ska läsa min berättelse
och hjälpa mig att rätta språkliga fel.

Urban hade en sommarstuga vid en sjö
strax utanför den stad,
där vi gick på gymnasiet tillsammans.

– Kan du inte åka dit och hälsa på
ett par veckor i sommar? frågade han.
Vi kan fiska och prata om gamla tider,
och så kan du läsa min berättelse och rätta den.

Jag tyckte att det lät som en bra ide.
Jag och min hustru skulle ju ändå skiljas.
Jag ville komma bort från henne
så fort som möjligt.

– Jag kan vara där om en vecka, sade jag.
Jag har inte varit i de där trakterna
sedan jag tog studenten.

– Vad fan säger du! sade Urban.
Har du inte varit där på trettio år?
Varför då?

– Det har sina förklaringar, sade jag.

– Menar du det där som hände? frågade han.

Jag svarade inte.

– Nåja, vi kanske kan tala om det också,
sade Urban.

Vi kom överens om att träffas
vid stadens gymnasium klockan tolv,
mitt på dagen, om precis en vecka.

Under tiden som jag pratade i telefon
hade Clara gått och lagt sig.

För några timmar sedan hade hon sagt
att hon ville skiljas.
Jag gick inte och lade mig bredvid henne
i vår säng.

I stället bäddade jag åt mig i gästrummet.

När jag hade lagt mig
tänkte jag inte på Clara och vårt äktenskap.
Jag tänkte på hur det skulle bli
att återse staden
som jag bodde i för trettio år sedan.
Det var där jag var ung.
Det var där jag var kär.
Jag hade aldrig trott att jag skulle återvända.

2

Jag ger mig iväg tidigt på lördagsmorgonen.
Det är dagen efter skolavslutningen.
Min fru ligger fortfarande och sover.
Jag har sagt att jag ska resa bort,
men jag har inte talat om vart jag tänker åka.

Jag sätter mig i bilen och kör mot staden
som jag bodde i när jag var ung.
Jag flyttade dit med mina föräldrar
när jag var femton år.
Nu är jag på väg tillbaka.
Det är en lördag i juni trettio år senare.
Jag ska träffa Urban först på måndag.
Jag vill ha två dagar för mig själv i staden,
innan jag möter min gamle vän.
Jag har ringt och bokat rum
på Hotell Continental.
Där ska jag bo två nätter.

Jag parkerar bilen och går in i hotellet.
En rödhårig flicka hälsar mig välkommen.
Hon ger mig nyckeln till mitt rum.
Jag tar hissen upp.
Tio minuter senare står jag i duschen.

Jag funderar på vad jag ska göra
under två dagar, alldeles ensam,
i denna lilla stad.

Jag äter middag i hotellets matsal.
Sedan återvänder jag till mitt rum.
Jag är trött och somnar tidigt.

Nästa dag vandrar jag runt i staden.
En del nya hus har byggts, men det mesta
ser ut på samma sätt som för trettio år sedan.
Torget är sig likt.
Jag känner igen bokhandeln, apoteket
och polisstationen.
Jag passerar gymnasieskolan
som inte heller har förändrats.
Jag får hjärtklappning
när jag går förbi min gamla skola.

Sent på eftermiddagen återvänder jag
till hotellet.
Den rödhåriga flickan på hotellet
ger mig nyckeln till rummet.

– Det finns ett meddelande också,
säger flickan.

Hon ger mig ett kuvert.

Jag tackar, stoppar kuvertet i fickan
och tar hissen upp till mitt rum.
Jag gissar att det är ett brev från Urban,
men det visar sig att jag har fel.
Meddelandet är kort och skrivet för hand.
Jag stirrar länge på det:

> *På tiden att du kom tillbaka.*
> *Jag hör av mig.*
>   *Vera Kall*

Plötsligt blir jag alldeles yr.
Jag är tvungen att sätta mig på sängen.
Hur kan en kvinna
som har varit död i trettio år
veta att jag har återvänt till staden?
Hur kan Ormblomman ha skrivit
ett meddelande till mig?
Hon är ju död.

3

Jag gick i samma klass som Vera Kall
under mina två sista år på gymnasiet.
Jag blev förälskad
redan första gången jag såg henne.
Hon hade långt, mörkt hår
och gröna, mandelformade ögon.
Hon hade ett underbart leende
och en liten lucka mellan framtänderna.

Jag tror att alla killar i klassen
var kära i Vera Kall,
men hon tycktes inte vara intresserad
av någon av oss.
Ormblomman var inte den sortens flicka
som hade sällskap med pojkar.
Hon gick aldrig ut och dansade.
Hon kom aldrig på våra klassfester.
Vera Kall höll sig hemma.
Eller rättare sagt:
hennes föräldrar såg till
att hon höll sig hemma.

Hon bodde i ett hus i skogen
en mil utanför staden.

Hennes pappa var präst och mycket sträng.
Han skulle aldrig ha låtit dottern
gå på dans eller fest, inte i vanliga fall.
Men en gång lät han henne
gå på en fest trots allt.
Det var två dagar innan
vi skulle gå ut gymnasiet.
Det var en stor studentfest.
Det var en kväll i maj 1967.

Alla var med på festen.
Skolans rektor var där,
liksom alla lärare
och alla elever som skulle gå ut gymnasiet.
Till och med Vera Kall var med.

Hon hade cyklat in till staden
på eftermiddagen.
På pakethållaren hade hon en väska
med finkläder.
Hon duschade och bytte om
hemma hos en klasskamrat
som hette Claire.
Claires föräldrar hade gärna låtit Vera
sova över där,
men Veras pappa hade bestämt
att dottern skulle cykla hem
när festen var slut.

Man kan undra om det var så klokt
att låta en vacker flicka
cykla ensam genom skogen mitt i natten.
Det undrade i alla fall tidningarna
när de började skriva om Vera Kall.

Så här i efterhand
verkar det förstås inte riktigt klokt.
Hon borde ha fått sova över
hos sin klasskamrat.
Vera Kall försvann nämligen spårlöst
den natten.

Under festen verkade hon glad.
Hon åt och drack vin.
Hon pratade, skålade och sjöng.
Strax efter klockan elva på kvällen
lämnade hon festen.
Hon satte sig på cykeln
och trampade iväg i sommarnatten.
Ingen har sett henne sedan dess.

4

Nästa morgon sitter jag i hotellets matsal
och äter frukost.
Samtidigt tänker jag på meddelandet jag fick.
Hur kan en kvinna som dog för trettio år sedan
plötsligt skriva till mig?
Är meddelandet falskt
eller är Vera Kall inte död?

Jag har alltid trott att hon blev mördad
den där varma natten för trettio år sedan,
men kanske är det inte så.
Kanske valde hon i stället
att fly bort från sina stränga föräldrar.
Kanske har hon hållit sig undan sedan dess.

Men det verkar otroligt.
Varför skulle hon försvinna frivilligt
två dagar före sin studentexamen
utan minsta förvarning?
Det verkar alltför konstigt för att vara sant.
Men denna måndagsmorgon trettio år senare
börjar jag undra
om det ändå kan vara möjligt.
Kanske lever Ormblomman trots allt.

***

Några timmar senare lämnar jag hotellet.
Klockan tolv ska jag träffa
min gamle klasskamrat Urban Kleerwot.
När jag kommer fram till gymnasiet
står han redan och väntar vid skolans port.

– Helvete! Henry! säger han skrattande.

Han kramar mig så hårt
att han nästan mosar mig.
Han är lång och stor.
Han måste väga en bra bit över hundra kilo.
Jag har inte sett honom på trettio år.
Hans hår har blivit grått
och han har glasögon och skägg.
Ändå känner jag igen honom.

– Du är dig precis lik, Urban, säger jag.

– Du också, Henry, säger han.
Du ser precis ut som förr, tamejfan.

Han undrar om jag vill se mig omkring i staden.
Jag berättar att jag redan har varit där
i två dagar.
Det räcker.

– Bra, säger Urban.
Då kan vi åka till min stuga direkt.

***

Urbans stuga ligger vid en sjö.
Det är en varm dag.
Vi tar oss ett svalkande dopp i sjön.

Urban säger ännu ingenting
om berättelsen som han har skrivit,
och som jag har kommit hit för att läsa.
Men på kvällen ger han mig
en tjock bunt papper.
Det måste vara flera hundra sidor.

– Det är en kriminalroman, en deckare,
förklarar Urban.

Jag blir förvånad.
Jag hade väntat mig något annat.
Aldrig hade jag trott
att Urban Kleerwot skulle skriva en deckare.

– Apropå deckare, säger jag.
Jag kom just att tänka på Vera Kall.
Fick man någonsin veta
vad som egentligen hände med henne?

116

Urban svarar inte genast.
Han sitter tyst en stund och stirrar på mig
på ett sätt som gör mig nervös.
Jag börjar svettas i handflatorna.

– Henry, säger han till sist.
Jag har alltid trott
att du hade något att göra med
att hon försvann.
Jag tror att du vet mer än andra
om vad som hände.

Han gör en paus.
Sedan harklar han sig och fortsätter:

– Om du vet någonting,
så kan du berätta det för mig.
Fallet preskriberades för fem år sedan.
Ingen kan längre dömas för mordet.
Om det var du som slog ihjäl henne,
så går du fri i alla fall.

Plötsligt brister han ut i ett gapskratt.
Jag sitter tyst en stund.
Sedan börjar jag berätta.

5

Den där studentfesten för trettio år sedan
minns jag som ganska tråkig.
Ungefär klockan elva på kvällen
bestämde jag mig för att gå hem.

När jag kom ut var luften varm
och full av dofter.
Jag tände en cigarrett
och började sakta promenera hemåt.
Det var då jag fick syn på Vera Kalls cykel.
Den stod slarvigt parkerad på trottoaren,
lutad mot ett staket.
Sedan såg jag Vera.
Hon var i trädgården
på andra sidan staketet.
Antagligen hade hon gått dit
för att kissa bakom en buske.
Jag frågade inte.

– Hej, sade jag bara.

– Är det du Henry? Hej Henry,
sade hon och slätade till klänningen.
Hur är det?

– Hur är det själv? frågade jag.

I samma ögonblick märkte jag att hon var full.
Vera Kall, Ormblomman
som alla killar älskade,
hade druckit lite för mycket vin.
Nu stod hon där framför mig och vinglade.
Herregud, tänkte jag.
Det kan inte vara sant.

– Jag mår så konstigt, sade hon och fnissade.

Hon tog ett snedsteg och lutade sig mot cykeln.
Hon strök undan det långa, mörka håret
och såg på mig med sina gröna ögon.

– Vart är du på väg? frågade jag.

– Hem, sade hon. Jag måste hem.
Klockan är elva ... men ...

– Men vad då? sade jag.

– Jag mår inte så bra, sade Vera.
Eller rättare sagt mår jag riktigt bra,
men jag känner mig konstig.

Hon drog några djupa andetag.

Plötsligt hördes röster som närmade sig.
Av någon anledning ville jag inte
att någon skulle få syn på Vera och mig.

– Kom, jag följer dig en bit, sade jag.

Jag tog tag i cykeln med ena handen
och lade den andra handen på hennes axel.
När jag kände hennes nakna hud
svartnade det nästan för ögonen.
Hon lät min hand ligga kvar
och vi började att gå.

– Varför måste du hem? frågade jag.

– Pappa vill det, sade hon.

Sedan började hon gråta.
Jag tryckte henne intill mig
och det svartnade för ögonen igen.

– Vad är det med mig?
sade hon och snörvlade.
Jag förstår inte vad det är med mig.

– Du har nog druckit för mycket vin, sade jag.
Jag tror att det är bäst
att du väntar ett tag med att åka hem.

Hon såg på mig.
Hennes glimrande gröna ögon
var fulla av tårar.
Hon var så underbart vacker.

– Menar du att jag är full? frågade hon.

– Lite grann, sade jag.
Det är nog ingen bra idé
att du åker hem just nu.

– Luktar jag sprit? frågade hon.

Hon ställde sig på tå, öppnade munnen
och andades försiktigt över mitt ansikte.
Jag vet inte vad som hände med mig.
Jag vet bara
att jag kysste henne.

***

Klockan var kvart i tolv
när vi kom in på mitt rum.

Vi hade inte sagt mycket
under de senaste tio minuterna.
Efter kyssen hade vi gått tysta,
tätt intill varandra, i sommarnatten.

Flera gånger hade jag undrat för mig själv
om det verkligen var sant
att jag gick där tillsammans
med den vackra Vera Kall.

Jag stängde dörren till mitt rum,
tog av mig kavajen
och slängde den i en stol.

– Jag vill att vi lägger oss och sover,
sade jag till Vera.
En stund i alla fall.

– Ja, det gör vi, sade hon. En liten stund.
Hon tog av sig klänning, behå och trosor
och kröp ner i min säng.
Jag slet av mig kläderna
och kröp ner hos henne.

Vi älskade med varandra.
Jag älskade henne. Hon älskade mig.

★★★

När jag vaknade var hon borta.
Klockan var tjugo minuter över fyra.
Hon hade lämnat en lapp på mitt skrivbord:

122

Jag åker nu.
Jag vet inte
hur det kommer att bli,
men jag vet att jag älskar dig.
                              Vera

Jag läste lappen hundra gånger.
En koltrast sjöng ute i trädgården.
Jag läste orden hundra gånger till.
Sedan somnade jag igen.

6

Urban Kleerwot sitter orörlig
en lång stund efter att jag har slutat berätta.

– Det var som satan, säger han sedan.
Jag tror knappt mina öron.
Nog har jag haft på känn under alla dessa år
att du visste mer än du sade ... men detta ...
Varför gick du inte till polisen?
Du borde väl ha sagt till polisen
att du var tillsammans med Vera den natten?

Jag suckar.

– Vi får tala om det i morgon, säger jag.
Jag orkar inte prata mer om det i kväll.

Jag är trött. Det börjar bli sent.
Jag har suttit länge och berättat för Urban
om mitt och Veras kärleksmöte.
Jag har även berättat om meddelandet
som jag fick på hotellet.

– Kan du visa mig meddelandet?
säger Urban.

Jag tar fram det ur kavajfickan
och ger honom det.
Han läser den korta texten
och ser sedan på mig.

– Men vad betyder det egentligen? säger han.
Det står ju Vera Kall.
För tusan, du tror väl inte att hon lever ...
Nej, jag begriper ingenting.

– Inte jag heller, säger jag.
Jag orkar inte fundera på det heller.
Jag tror att det är dags att lägga sig.

Urban nickar.
Vi önskar varandra god natt och går till sängs.

***

Redan vid frukostbordet nästa morgon
börjar Urban prata om Vera igen.

– Herregud, säger han.
Du älskade ju med Ormblomman
samma natt som hon försvann.
Det förändrar allting!

– Nej, det förändrar ingenting, säger jag.

125

Alla vet vad Vera Kall gjorde
fram till klockan elva på kvällen.
De vet hur dags hon kom till festen,
vilka hon satt bredvid, vad hon talade om
och när hon gick därifrån.
Jag råkar veta vad hon gjorde
tre, fyra timmar till.
Men det förändrar ingenting.

Urban funderar en stund.

– Tror du att hon cyklade hem
när hon lämnat dig? frågar han.

– Vad skulle hon annars ha gjort? säger jag.

Han rycker på axlarna.

– Varför teg du? frågar han.
Varför berättade du inte för polisen
vad du visste?

Jag svarar inte.
Jag har inget bra svar.
Jag vet inte själv
varför jag aldrig sade någonting.
Kanske var jag rädd
att jag skulle bli misstänkt.

Men det var ju inte mitt fel att hon försvann.
Jag tyckte nog synd om hennes föräldrar också.
De behövde inte få veta
att det sista som Vera gjorde i livet
var att dricka sig berusad
och ligga med en pojke.

– Vad skulle det ha gjort för skillnad
om jag hade berättat för polisen? säger jag.
De hade fått veta
att mordet skedde några timmar senare
än man trodde.
Men inget hade förändrats i sak.
En galning dödade Vera den där natten.

– Är du säker på det? frågar Urban.
Hur förklarar du i så fall
meddelandet som du fick på hotellet?
Vem har skrivit det?

– Det måste vara någon
som försöker skämta med mig, säger jag.

– Det är jag inte så säker på, säger Urban.
Har du berättat om din och Veras kärleksnatt
för någon annan?

Jag ruskar motvilligt på huvudet.

– Då så, säger Urban.
Vem skulle i så fall ha kunnat skriva
ett sådant meddelande?
Det är möjligt
att Ormblomman lever.
Hon tog kanske chansen den natten
och rymde från sina stränga föräldrar.
Man har aldrig hittat
vare sig Vera eller hennes cykel.

– Men vart skulle hon ha tagit vägen?
frågar jag.
Jag tror inte på det där.
Vera är död.
Ändå hoppas jag att hon fortfarande lever.
Det har jag hoppats i trettio år.

***

En stor del av dagen
ägnar jag åt att läsa Urbans berättelse.
Den är faktiskt riktigt bra.
Historien är spännande
och det finns inte särskilt många språkliga fel.

På eftermiddagen gör jag en paus.
Jag lägger ifrån mig Urbans deckare
och tar en promenad längs sjön.

När jag kommer tillbaka
står Urban och väntar på mig.
Han ler på ett underligt sätt.

– Du kommer inte att tro mig, säger han.
Vera Kall kommer hit på lördag.

– Vad i helvete! säger jag.

Han visar mig sin mobiltelefon.

– Hon ringde på den här, förklarar han.
Hon kommer hit på lördag.
Hon vill prata med dig.

– Det är omöjligt, säger jag.

– Nej, ingenting är omöjligt,
säger Urban Kleerwot.

7

Den andra kvällen i stugan
sitter Urban och jag och pratar ganska länge.
Luften är varm och myggorna surrar.
Vi dricker öl. Urban röker cigarr.
Vi pratar minnen från skoltiden.
Dessutom talar vi förstås om Vera Kall.
Jag frågar om telefonsamtalet:

– Hur lät hon? Vad sade hon?
Kände du igen hennes röst?
Hur tusan kan hon veta
att jag är här i stugan med dig?

Urban försöker svara så gott han kan.

– Rösten i telefonen sade
att hon var Vera Kall, berättar han.
Hon frågade efter dig.
Sedan sade hon att hon tänker komma hit
vid lunchtid på lördag.
Jag kände inte igen hennes röst
och hann aldrig fråga
hur fan det kommer sig
att hon fortfarande lever.

– Försökte du inte få reda på något mer?
undrar jag irriterat.

– Jovisst, säger Urban
och blåser cigarrök i ansiktet på mig.
Jag försökte men jag hann inte.
Hon var snabb med att lägga på luren.

Vi tycker båda att det är konstigt
att hon som kallar sig Vera Kall
hela tiden tycks veta
var hon kan få tag på mig.

Först visste hon
att jag bodde på Hotell Continental.
Nu vet hon att jag är med Urban i stugan.

– Vilka kände till att du skulle hit? frågar han.

– Min fru ... Nej, förresten, säger jag.
Jag talade aldrig om för henne
vart jag tänkte resa.
Det är bara du och jag som vet om det.

– Samma här, säger Urban.
Jag har inte heller berättar det för någon.
Ormblomman, eller vem det nu är,
måste ha upptäckt dig i staden.

– Ormblomman är död!
Tro inte något annat, säger jag.

– Jag tror vad jag vill, säger Urban.
Hur gammal är du?

– 49 år. Vad fan spelar min ålder för roll?
undrar jag.

– Du var nitton när du flyttade från staden,
säger Urban.
Du har inte varit här på trettio år.
Visst är du dig ganska lik,
men jag tror ändå att chansen är liten
att någon skulle känna igen dig.
I staden finns det bara ett ställe
där du har lämnat ditt namn.

– På hotellet, säger jag.

– Just det. Hotell Continental.
Någon där, Vera Kall eller någon annan,
måste ha känt igen ditt namn.
Det finns ingen annan förklaring.

8

Nästa morgon kör vi till Hotell Continental.
Jag sitter kvar i bilen
medan Urban går in
för att ställa några frågor.
Efter ett par minuter kommer han tillbaka.
Han rycker på axlarna.

– Hon visste ingenting, säger han.

– Vem pratade du med? frågar jag.

– En rödhårig tjej, säger Urban.
Jag frågade efter Vera Kall.

Jag sa att jag tror att hon jobbar på hotellet,
men den rödhåriga påstod
att det inte finns någon med det namnet där.

– Vad fan gör vi nu då? frågar jag.

Urban funderar en stund.

– Vi åker till hennes hem, säger han sedan.
Vi kör till huset där Ormblomman bodde.

***

Vi åker iväg.
Vägen blir smalare och smalare.
Några hus syns inte till,
bara varm, doftande barrskog.
En stund tror jag nästan att vi har kört vilse,
men till sist kommer vi fram till huset
där Vera Kall och hennes föräldrar bodde.
Nu bor en annan familj där.
„Clausen" står det på brevlådan vid grinden.

– Vad ska vi göra här? frågar jag.

– Vi låtsas att vi är journalister, säger Urban.
Vi säger att vi skriver en artikel
om brott som aldrig har klarats upp.
Vi vill ställa några frågor.

Huset är gammalt,
men det har byggts om och rustats upp.
På gården står en bil parkerad.
När vi öppnar grinden
kommer två barn springande,
en pojke och en flicka.

– Är mamma eller pappa hemma?
frågar Urban.

Barnen svarar inte, men de rusar in i huset.
Strax därpå kommer en man och en kvinna
i 35-årsåldern ut.
Vi hälsar och presenterar oss.
De berättar att de har bott i huset i tre år.

– Köpte ni det av familjen Kall? frågar Urban.

– Vi köpte det av fru Kall, säger kvinnan.
Hennes man hade varit död i tio år.
Hon var nästan åttio år
och hade bott här ensam sedan maken dog.
Men hon orkade inte
ta hand om huset längre.
Det är inte lätt för gamla människor
att bo så här.
Hon flyttade till ett sjukhem.
Hon dog för bara någon månad sedan.
Vi såg dödsannonsen i tidningen.

– Berättade fru Kall om sin dotter?
frågar Urban.

– Nej, svarar mannen,
men vi har ju hört talas om vad som hände.
Det var en förfärlig historia.
Det måste ha varit fruktansvärt
för hennes föräldrar.

Vi pratar en stund med herr och fru Clausen,
men vi förstår snart att de inte vet något
som vi inte själva redan vet.
Vi tackar nej till kaffe och åker därifrån.

På vägen tillbaka
tittar jag ut genom bilrutan mot skogen.
Om Ormblomman blev mördad
ligger väl hennes kropp nergrävd därute
i skogen någonstans.
Efter alla dessa år
kan det inte vara mer än skelettet kvar.

Men tänk om Vera Kall fortfarande är i livet.
Då måste hon ha bestämt sig för att rymma
just efter vår kärleksnatt för trettio år sedan.
Lever hon eller är hon död?
Om hon är död,
vem är då personen
som nu kallar sig Vera Kall?
Vem är det som vill ha kontakt med mig?
Det måste vara någon
som känner till min kärleksnatt med Vera.
Men ingen kan ju veta någonting.

Jag funderar.
Den person som vet något om Vera och mig
måste ha träffat Vera strax innan hon dog.

Träffade Vera någon
efter att ha lämnat mig den natten?
Ja, antagligen träffade hon sin mördare.
Var det Vera Kalls mördare
som skrev meddelandet
som jag fick på hotellet?
Är det Ormblommans mördare
som tänker komma till stugan på lördag?

9

Det är fortfarande några dagar kvar
till lördag.
Torsdag förmiddag får vi besök
av en annan person
som är väl insatt i fallet Vera Kall.
Det är kommissarie Keller,
polisen som undersökte vad som hände
när Vera Kall försvann.
Nu är han över sjuttio år.
Han är pensionerad sedan länge.
Men han är fortfarande intresserad av
att få veta
vad som egentligen hände med Vera Kall.

– Jag ringde och bad honom komma hit,
säger Urban.
Jag sade att vi har en del nya uppgifter,
som han kan vara intresserad av.

Vid elvatiden kommer Keller.
Jag minns inte om jag har träffat honom förut.
Jag känner i alla fall inte igen honom.
Han är liten och mager
och bär på en stor portfölj.

– Jag tog med mig en del gamla papper
om Vera Kalls försvinnande, förklarar han.

Vi hälsar och sätter oss vid bordet i trädgården.
Urban hämtar varsin öl.
Keller tar av sig kavajen.
Han hänger den på stolens ryggstöd
och kavlar upp skjortärmarna.
Sedan tittar han på Urban och mig och säger:

– Nå, låt höra vad ni vet.

***

Efter en halvtimme har jag berättat det mesta
om min kärleksnatt med Vera Kall.

– Det var själva fan, säger Keller.
Och det här har du varit dum nog
att hålla tyst om i trettio år!

– Jag tänkte på hennes föräldrar, säger jag.
Jag tyckte inte att de behövde få veta
att Vera var berusad och låg med mig
strax innan hon försvann.

– Skitprat, säger Keller.
Du tänkte på dig själv.

139

Du visste att du skulle bli misstänkt
om du berättade vad som hänt.

Jag inser att han har rätt.
Jag tordes helt enkelt inte berätta.
Jag var inte bara orolig för att åka fast
utan också rädd för vad mina föräldrar,
Veras föräldrar och alla lärare på skolan
skulle säga.
Så här i efterhand är jag glad över
att jag höll tyst den gången.

Vi pratar också
om det underliga meddelandet,
som jag fick på hotellet,
och om Urbans telefonsamtal med en kvinna
som kallade sig Vera Kall.
Jag frågar Keller vad han tror om det.

– Jag tror ingenting, säger han, inte än.
Men jag vill att ni hör av er
efter besöket på lördag,
oavsett hur det går.

***

Under de närmaste två dagarna läser
jag färdigt Urbans berättelse.

Jag är fortfarande förvånad över
att den är så pass spännande och bra.
Det är inte mycket som behöver rättas.

Natten mellan fredag och lördag
sover jag nästan inte alls.
Jag ligger och vrider mig i den smala sängen
medan jag lyssnar till regnet
och åskan som går.

Nästa morgon klarnar vädret upp.
Urban och jag vankar nervöst omkring
på gården.
Vi undrar om vi verkligen
kommer att få besök
och i så fall av vem.
Är det möjligt att Vera Kall lever?
Kommer jag i så fall att få träffa henne snart?
Eller är det hennes mördare jag ska träffa?

Strax före klockan tolv
kommer en vit bil körande.
Den parkerar en bit bort.
Motorn stängs av
och i nästa ögonblick stiger föraren ur bilen.

10

Kvinnan som stiger ur bilen
är i min egen ålder.
Hon är mörkhårig och vacker.
Hon är klädd i en mörkgrön klänning.
Det kan vara Vera Kall,
men det kan också vara någon annan.
Jag kan knappt andas.
Det känns som om jag har kramp i bröstet.
Vi tittar på varandra
utan att säga någonting.
Till sist bryter Urban tystnaden.

– Välkommen, mitt namn är Urban Kleerwot
och det här är Henry Maartens,
säger han och pekar på mig.
Kvinnan nickar.

– Jag heter Ewa Pieters, säger hon.

När hon har sagt sitt namn
blir det lättare att andas.
Krampen i bröstet släpper.

– Var det du som ringde? frågar Urban.

Kvinnan nickar igen.

– Men då sade du ett annat namn,
säger Urban.

– Ja, jag sade att jag hette Vera Kall,
säger kvinnan.

Hon ser allvarlig och lugn ut.
Samtidigt börjar Urban bli irriterad.

– Kan du förklara vad i helvete du menar,
säger han.
Vem är du egentligen
och varför påstår du
att du heter Vera Kall?

– Jag är Vera Kalls kusin, säger Ewa Pieters.
Jag har fått veta vissa saker,
som polisen aldrig fick reda på.

– Kan du vara snäll och tala om
vad du vet, säger jag.
Vad hände med Vera, till exempel?
Vet du det?

Kvinnan dröjer med svaret några sekunder.
Samtidigt tittar hon på mig.

– Jag vet att du hade något att göra
med min kusins död, säger hon.

Jag kan knappt dölja min ilska.

– Det är rena fantasier, säger jag.
Jag har ingen aning om
vad som hände med Vera.
Varken Urban eller jag vet någonting.
Nu vill jag att du förklarar dig.

Ewa Pieters tackar ja till en öl.
Vi sätter oss vid bordet i trädgården.
Sedan börjar hon äntligen berätta.

– Jag tyckte mycket om Vera, säger hon.
Vi var nästan som syskon
trots att vi bara var kusiner.
Våra mammor var systrar.
Vi träffades alltid på helger och lov.
Det var en chock när Vera försvann.
I trettio år har jag undrat vad som hände.
Som de flesta andra trodde jag
att hon råkade ut för en våldtäktsman
den natten, en galning som slog ihjäl henne
och gömde kroppen.
Men så i våras låg moster Ruth för döden,
Veras mamma, alltså.

Pappan dog för mer än tio år sedan.

– Vi vet, säger jag.

Hon tittar förvånat på mig
innan hon fortsätter.

– Jag besökte moster Ruth på sjukhemmet
samma dag som hon dog.
Hon var mycket svag.
Jag satt vid sängkanten och höll hennes hand.
Hennes läppar började röra sig,
men det kom inga ljud.
Jag böjde mig närmare och lyssnade,
tätt intill hennes mun.

Då hörde jag vad hon sade.

Hon sade:
"Vera ... skrivit ... Henry Maartens fel."
Det var allt. Hon sade inget mer.
En kvart senare var hon död.
Det blir tyst kring bordet.
Varken jag, Urban eller Ewa Pieters
säger någonting.
Jag lutar mig tillbaka i stolen.
Samtidigt går solen i moln.

11

Ewa Pieters tystnar.
Nu är det min tur att berätta för henne.
Jag talar om att jag och Urban har besökt
Vera Kalls barndomshem
och att vi har pratat med kommissarie Keller.
Jag berättar också om min kärleksnatt
med Ormblomman.
Jag försäkrar henne
att jag inte har en aning om
vad som sedan hände med Vera.

Ewa tänder en cigarrett och tittar på mig.
Det ser ut som om hon tror
att jag talar sanning.

– Jag har funderat mycket över
vad min mosters ord på dödsbädden
kan betyda, säger hon.
"Vera ... skrivit ... Henry Maartens fel."
Det var de sista orden hon sade.
Det lät så konstigt.
Jag lyckades i alla fall ta reda på
att en viss Henry Maartens hade gått
i Veras klass.

Men jag hade ingen aning om var du bodde
eller hur jag skulle få tag på dig.
Så dök du plötsligt upp på Hotell Continental
för en vecka sedan.
Jag arbetar på hotellets kontor
och såg ditt namn i några papper.

– Och det var då du fick idén
att skicka ett meddelande till mig, säger jag.

– Just det, säger Ewa.
Jag bestämde mig för
att skriva meddelandet i Vera Kalls namn.
Jag ville se hur du reagerade.

På måndagen följde hon efter Urban och mig
ut till stugan.
Hon antecknade Urbans bilnummer.
Hon ringde till bilregistret
och fick veta hans namn.
Sedan var det lätt att ta reda på
numret till hans mobiltelefon.

– Vi vet fortfarande inte
vad som hände Vera Kall
den där natten, säger Urban.
Jag hade hoppats
att vi skulle få svaret på gåtan i dag.

Men vi vet ännu inte om hon blev mördad
eller om hon försvann på något annat sätt.

– Vi måste ta reda på vad Veras mamma
egentligen menade med sina sista ord.
Har du verkligen ingen aning om det?
frågar jag Ewa.

– Nej, egentligen inte, säger hon.
Först trodde jag att det måste vara du
som dödade Vera
och att hennes mor visste om det.
Men varför skulle hon i så fall
ha hållit tyst om det?
Jag har inte hittat något bra svar
på den frågan.

– Det finns inget svar, säger jag.
Jag dödade inte din kusin.
Jag älskade henne.

Vi sitter länge och försöker förstå
vad Veras mamma kan ha menat
med sina sista ord,
men vi kommer inte fram till något vettigt.
Just ordet "skrivit" måste betyda någonting.
Det finns en liten chans att hon menade
att hon någonstans har skrivit ner vad hon visste.

Ewa berättar att hon har flera kartonger
med papper och annat,
som hon fick ta hand om efter mosterns död.

– Eftersom jag var hennes enda släkting i livet
fick jag ta hand om hennes saker, säger hon.
Jag har inte haft tid än
att titta ordentligt vad som finns där.
Men om ni vill kan vi åka hem till mig
och leta genom moster Ruths papper.
Det är möjligt att vi hittar något intressant.

Medan vi pratar om detta
tänker jag åter på min kärleksnatt med Vera.
Jag tänker på hennes vackra kropp
i sommarnatten,
hur vi smekte varandra och älskade.
Senare måste hon ha smugit sig upp
ur sängen, försiktigt för att inte väcka mig.
Hon klädde på sig och skrev en lapp
som hon lämnade på mitt skrivbord:

Jag åker nu.
Jag vet inte
hur det kommer att bli,
men jag vet att jag älskar dig.
Vera

149

Sedan gick hon nerför trappan,
satte sig på cykeln
och började cykla hemåt.

När jag tänker på hennes hemfärd
börjar jag plötsligt ana någonting,
misstänka något fruktansvärt.
Tänk om hon inte mötte någon längs vägen,
ingen galning, ingen våldtäktsman.
Tänk om allt hände lite senare.
Det kan i så fall bara betyda en sak ...

Nej, herregud, tänker jag,
så kan det väl ändå inte ha gått till?

12

Ewa Pieters, Urban och jag
hjälps åt att leta efter ledtrådar.
Vi söker genom papper och andra saker,
som Vera Kalls mamma har lämnat efter sig.
Vi håller på i tre timmar
utan att hitta något intressant
om Veras försvinnande.
Vi får inga svar på våra frågor.

– Fanns det inget testamente? frågar Urban.

– Testamente? säger Ewa Pieters.
Nej, jag var ju den enda arvingen.
Det fanns inga andra släktingar i livet.
Moster hade väl ingen anledning
att skriva testamente.
En advokat ringde till och med till mig
för att tala om
att det inte fanns något testamente.

– Hörde han av sig bara för att säga det?
frågar Urban.
Var det allt han ville?

– Ja, svarar Ewa. Det var bara det.
Advokat Hegel heter han.

– Vi ringer honom, säger Urban.
Det är konstigt
att en advokat ringer bara för att säga
att det inte finns något testamente.
Det är något som inte stämmer.
Vi måste ta kontakt med advokat Hegel
och fråga vad han menade.

Ewa ringer till advokat Hegel.
Trots att det är lördagskväll
ber han oss att genast komma till hans kontor.
Det är inte långt dit från Ewas hus.
Efter en halvtimme är vi där.

Advokat Hegel är i 60-årsåldern.
Han har mörk kostym, ljusblå skjorta
och slips.
Vi hälsar och sätter oss i de mjuka fåtöljerna.

– För 28 år sedan fick jag besök av Ruth Kall,
Veras mamma, berättar han.
Det var då precis två år sedan
hennes dotter försvann.
Hon lämnade ett brev till mig
och talade om vad jag skulle göra med det.

Brevet fick inte öppnas eller lämnas vidare så
länge någon av makarna Kall levde.
När både herr och fru Kall var döda
skulle jag behålla brevet i ytterligare tio år.
Om någon frågade efter brevet,
skulle jag lämna ut det.
Annars skulle jag förstöra det efter tio år.

– Menar ni att vem som helst
kunde komma och fråga efter brevet?
säger Ewa Pieters.
Hade ni inte order om att lämna ut det
till någon viss person direkt efter mosters död?

– Nej, säger advokat Hegel.
Fru Kalls önskemål var väldigt speciella
på det sättet, speciella men tydliga.

– Och nu har vi alltså kommit
och frågat efter brevet? säger Ewa.

– Ja, det tycker jag att man kan säga,
svarar Hegel.
Nu har ni kommit och nu gör jag min plikt.
Varsågod, det går bra att läsa brevet.

Han ger Ewa kuvertet.
Det blir tyst några sekunder.

– Öppna kuvertet! säger Urban. Läs!

Ewa viker upp brevet.
Det är två papper med handskriven text.
Hon lägger dem framför sig på bordet
och tittar på det översta papperet.

– Läs högt! skriker Urban.
Läs högt, för helvete!

Ewa Pieters drar ett djupt andetag.
Sedan börjar hon läsa.

13

På måndag förmiddag kör flera polisbilar iväg
till huset där Vera Kall bodde.
Ewa, Urban och jag
har också fått tillstånd att vara med.
Vi åker i kommissarie Kellers bil.

– Jag borde ha förstått det tidigare,
säger Ewa.
Om moster Ruth visste något,
så måste det ju betyda
att Vera kom hem den natten
och träffade sina föräldrar.

– Ja, nog kom hon hem alltid, säger jag.

– Jag kan trots allt förstå
varför Veras mamma aldrig gick till polisen,
säger Ewa. Nog fick de sitt straff ändå.
Ingen skulle ha haft glädje av
att hon berättade sanningen.

– Jo, polisen, säger kommissarie Keller.
Det skulle ha sparat en massa arbete för oss.

Vi kommer fram till huset
strax efter klockan elva.
Herr Clausen står på gården
och väntar på oss.
Hans fru och barnen är inte där.
Det finns ingen anledning
att de ska behöva vara med
om det som snart ska ske.

Sex polismän tar fram spadar ur bilarna.
Sedan börjar de gräva på den plats
som fru Kall har beskrivit i brevet.
Vi andra står en bit därifrån.
Plötsligt börjar Ewa gråta.

– Det känns så overkligt, säger hon.
Jag kan inte tro att det är sant.
Ändå vet jag ju att det var precis så det gick till.
Veras pappa kunde bli mycket arg.

– Jag har tänkt på en sak, säger Urban.
Om inte Vera hade varit så förbannat ärlig,
så skulle det aldrig ha hänt.
Hon borde ha ljugit i stället.
Hon kom hem klockan fem på morgonen
och berättade för sina stränga föräldrar,
att hon hade druckit sig full
och gått i säng med en pojke.

Vad fan väntade hon sig egentligen?

– Han behövde inte slå henne, säger Ewa.
Om hon hade vetat att han skulle göra det,
hade hon kanske ljugit.
Men Vera var alltid ärlig.
Glöm inte bort att det var en olyckshändelse.
Han menade inte att döda henne.

Jag blundar och försöker tänka mig
hur det gick till.
Veras föräldrar satt vid köksbordet
och väntade. De var oroliga och trötta.
Vera kom hem och berättade
om sin kärlek till mig
och att vi hade älskat med varandra.
Hennes pappa, den stränge prästen,
reste sig upp och slog till henne.
Vera ramlade på ett olyckligt sätt.
Hennes huvud slog
i det vassa hörnet på spisen.
Inom en minut var hon död.
Så skrev i alla fall hennes mamma i brevet.

Jag gissar att föräldrarna bad böner till Gud.
Kanske fick de svar på sina böner.
Kanske befriade Gud dem från skulden.
Då kunde de i stället lägga skulden på mig.

Om jag inte hade legat med Ormblomman
skulle hon inte ha dött.
Alltså var felet mitt.
Det var det som fru Kall hade menat
med sina tre sista ord: "Henry Maartens fel."

Jag rycker till
när Ewa lägger handen på min axel.

– De har nog hittat henne nu, säger hon.
De har stött på gammalt, murket trä.
Det måste vara kistan.

De begravde henne i alla fall i en kista.
Det skrev fru Kall i brevet.

Poliserna gräver upp Ormblomman nu.
Jag går bort och ser på.
Det gör Ewa Pieters också.
Vi står bredvid varandra.
Jag gråter och håller Ewas hand i min.
Det känns som om hennes hand
hör hemma där.

Weitere Lättläst–Taschenbücher im GROA Verlag:

Döden och kärleken i Kumla
von Håkan Nesser

Bearbeitung: Johan Werkmäster

Es ist Sommer 1967. Der 16–jährige Mauritz wohnt in dem langweiligen Ort Kumla. Er ist verliebt in die schöne Nachbarstochter. Dann geschieht plötzlich ein Mord ...

ISBN 978–3–933119–75–9 • 152 S. • € 11,95

Mannen på stranden
Fotografens död
von Henning Mankell

Bearbeitung: Johan Werkmäster

Zwei Krimis mit Kommissar Kurt Wallander

ISBN 978–3–933119–45–2 • 120 S. • € 9,95

Slottet Standheart - ett farligt arv
von Bodil Mårtensson

Die Journalistin Annelie Bergelin erhält ein unerwartetes Erbe - ein Schloss in Schottland! Sie macht sich sofort auf die Reise. Schon bald nach Ihrer Ankunft passiert beinahe ein Unglück. Oder war es vielleicht ein Attentat?

ISBN 978–3–933119–77–3 • 104 S. • € 9,95

Glasets hemlighet
von Bodil Mårtensson

Der Antikhändler Gerner wird tot in seinem Laden gefunden. Die Journalistin Annelie Bergelin ist sofort davon überzeugt, dass er ermordet wurde. Hat es vielleicht mit dem mysteriösen Glas zu tun, das sie von ihm geliehen hatte?

ISBN 978–3–933119–72–8 • 108 S. • € 9,95

Körkarlen
von Selma Lagerlöf

Bearbeitung: Cecilia Davidsson

Der Geselle des Todes, „Körkarlen", steht am Bett der sterbenden Schwester Edith. Doch vor ihrem Tod will sie noch einmal mit dem Mann sprechen, den sie liebt.

ISBN 978–3–933119–85–8 • 104 S. • € 9,95

Herr Arnes penningar
von Selma Lagerlöf

Bearbeitung: Gerd Karin Nordlund

Eine Geschichte aus alten Zeiten über Geister und Mörder

ISBN 978–3–933119–90–2 • 64 S. • € 7,95

Arn – Vägen till Jerusalem
von Jan Guillou

Bearbeitung: Johan Werkmäster

Ein historischer Abenteuerroman, der sich im 11. Jahrhundert in Schweden und Dänemark abspielt

ISBN 978–3–933119–70–4 • 192 S. • € 11,95

Weitere Informationen, z. B. über das Lehrwerk *Tala svenska*, erhalten Sie auf *www.groa.de*.

Preisänderung und Irrtum
vorbehalten
Stand: 01.05.2014

GROA
VERLAG